단어로
논술까지
짜짜짜

101
세계

단어로 논술까지 짜짜짜
101 세계
ⓒ 구정은·이지선 2022

초판 1쇄   2022년   7월 7일
초판 2쇄   2022년 11월 7일

지은이   구정은·이지선

출판책임	박성규	펴낸이	이정원
편집주간	선우미정	펴낸곳	도서출판 들녘
기획·편집	김혜민	등록일자	1987년 12월 12일
디자인진행	한채린	등록번호	10-156
일러스트	YULLA	주소	경기도 파주시 회동길 198
편집	이동하·이수연	전화	031-955-7374 (대표)
디자인	고유단		031-955-7389 (편집)
마케팅	전병우	팩스	031-955-7393
멀티미디어	이지윤	이메일	dulnyouk@dulnyouk.co.kr
경영지원	김은주·나수정		
제작관리	구법모		
물류관리	엄철용		

ISBN   979-11-5925-772-8 (43900)
세트   979-11-5925-777-3 (44080)

101

단어로
논술까지
짜짜짜

세계

구정은·이지선
지음

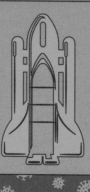

푸른들녘

70억 명이 살아가는 지구에서는 날마다 온갖 일들이 일어납니다. 수많은 사건들이 미디어를 통해 우리의 눈과 귀를 스치고 지나 가지요. 이 글을 쓰는 동안에도 동유럽의 우크라이나에서는 전쟁 이 벌어져 사람들이 죽어가고, 인도에서는 무더위에 가뭄이 겹쳤 다고 하네요. 기름값이 올라가고 물가가 치솟아 걱정인 한편으로 는, 코로나19 팬데믹 때문에 그동안 답답해 하던 사람들이 들뜬 마음으로 외국 여행을 떠날 준비를 하고 있고요.

　세계를 이해한다는 것은 세상이 이렇게 복잡하게 얽혀 있다 는 사실을 안다는 것, 나라 밖에서 벌어지는 일들이 우리에게 어 떻게 영향을 미치는지 알고 준비를 한다는 것, 멀리 떨어져 있는 사람들의 고통과 슬픔에 함께 아파하고 도울 방법을 찾아보는 것 입니다. 우리가 가보지 못한 곳, 만나보지 못한 사람들의 역사와 지리와 문화를 아는 것이 그 출발점이 되겠지요. 하지만 세계에 '국가'를 기준으로 해도 200개 가까운 나라가 있고 정치적인 단 위나 민족·부족집단들까지 생각하면 너무 많은 집단과 지역이 있는데 그 기나긴 역사와 지금 그들이 안고 있는 이슈들을 어떻게 다 알 수가 있겠어요.

이 책에서는 인류 문명의 초창기에서부터 지금까지 벌어진 수많은 일들 중에 '그래도 이 정도는 알면 좋겠다' 하는 것들을 골라 기본적인 내용을 정리했습니다. 과거의 일들은 몇 가지만 뽑아서 다뤘고, 주로 20세기 이후에 벌어진 일들에 초점을 맞췄습니다. '역사'는 외울 것이 많아 부담스럽다고 생각하는 분들이 많지요. 이 책에서는 사건이 발생한 연도나 지명, 관련된 사람 이름 같은 것들은 꼭 필요한 정도로만 넣고, 되도록이면 그런 일이 일어난 배경과 후대에 미친 영향 등등 '사건의 의미'를 소개하는 데에 집중하려고 애썼습니다. 용어의 기본적인 의미를 이해하기 쉽게 설명하기 위해 신경을 많이 썼습니다.

저희 두 사람은 역사학자가 아니라 신문사에서 오랫동안 국제뉴스를 다루는 일을 해왔습니다. 그래서 어쩌면 오히려 더 지구상에서 벌어지는 일들에 두루 관심이 많은 것 같아요. 방탄소년단(BTS)의 노래 '소우주'에 나오는 가사처럼, 한 사람에게는 하나의 역사가 있습니다. 그리고 각자를 저마다 하나의 별이라고 생각한다면, 이 세상은 70억 개, 70억 가지의 빛과 삶으로 채워지겠지요. 세상 모든 사람들이 담고 있는 하나하나의 역사를 모두 들여다보기는 힘들겠지만, 굵직한 사건의 큰 흐름을 따라가면서 세계의 고민과 해법들에 조금이라도 관심을 더 가져봤으면 합니다.

차례

001 메소포타미아

두 강 사이에서 시작한
문명

··· 014

002 만리장성

제국을 세워도 안심할 수 없어,
시대를 이어 침략을 막은 대성벽

··· 016

003 실크로드

비단길을 따라 오가는 세상,
비단만 거래했던 게 아니라고요?

··· 018

004 로마제국

제국의 평화는 어디로

··· 020

005 카스트제도

인도에 뿌리 깊이 남아 있는
신분제

··· 022

006 흑사병

시대를 휩쓸고
유럽을 집어삼킨 질병

··· 025

007 잉카제국

문명의 시작과 끝,
상처로 남은 흔적

··· 027

008 오스만 제국

현대 터키의 역사가
시작된 곳

··· 029

009 계몽주의

어둠에서 깨어나
빛으로!

··· 032

010 종교개혁

부패한 교황청과 교회는 물러가라!
중세에 종말을 고하다

··· 034

011 미국

새로 발견한 대륙이라 자랑하지 마!
누군가가 이미 살고 있던 곳이야

··· 036

012 프랑스혁명

자유로 가는 길을 막지 마!
봉건제 특권층과 맞서 싸운 시민들

··· 038

013 제국주의
**아프리카 나라들의 국경선은
왜 직선일까?**
··· 041

014 동인도회사
**유럽 국가들의
아시아 쟁탈전**
··· 044

015 노예무역
**사람을
물건처럼 사고 팔다니!**
··· 046

016 산업혁명
**손에서 기계로,
시골에서 도시로!**
··· 049

017 메이지유신
메이지 천황의 개혁 운동

··· 052

018 1차 세계대전
**세계가 휘말린
유럽의 전쟁**
··· 054

019 대공황
검은 화요일의 저주

··· 056

020 제2차 세계대전
**아시아도 피할 수 없었던
전쟁**
··· 058

021 홀로코스트
**유대인이라는 게
죄인가요?**
··· 060

022 유엔UN
**세계평화를 위해
머리를 맞대요**
··· 063

023 전범재판
**전쟁범죄자들을
법정에 세우다!**

··· 065

024 쿠바혁명
**왜 돈 많은 놈들이
정치를 독차지하지?
독재자 바티스타를 몰아내자!**
··· 067

025 베트남전
**독립투쟁으로 시작해
열강의 대리전으로**
··· 069

026 냉전
**핵전쟁의 공포에
떨어야 했던 세계**
··· 071

027 아폴로11호

지구를 넘어 우주에 내딛은
첫 발자국

··· 073

028 비키니

태평양 산호섬을 뒤덮은
버섯구름

··· 076

029 중국 공산당

중국의 집권당이자
유일한 정당

··· 078

030 제3세계

이제는 동서 갈등보다
남북 격차

··· 080

031 반둥 회의

제3세계 지도자들
여기 모여라!

··· 082

032 유럽연합 EU

국경은 있지만
하나로 묶인 유럽

··· 085

033 녹색혁명

대지에 심은
기술의 씨앗

··· 087

034 문화대혁명

선동과 숙청,
파괴로 남은 역사

··· 090

035 군사 쿠데타

국민이 선택한 아옌데 정부,
탱크에 짓밟히다

··· 092

036 오일쇼크

갑자기 석유가 끊기면
어떻게 될까?

··· 095

037 이란혁명

미국 편이었던 이란왕국이
반미 이슬람 공화국으로

··· 097

038 덩샤오핑

중국 경제의 설계자,
현대 중국을 만든 키 작은 거인

··· 099

039 피플파워

필리핀 민중이 노란 옷을 입고
거리로 나선 이유는?

··· 101

040 연대노조

폴란드 민주화의 발판을 마련한
레흐 바웬사

··· 103

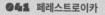

041 페레스트로이카

소련에도 개혁이 필요해

··· 105

042 넬슨 만델라

흑인을 분리하고
탄압하는 정책을 몰아내자!

··· 107

043 유고내전

인종을 청소한다고?
다시 떠오른 홀로코스트의 악몽

··· 110

044 걸프전

'세계 단일패권 미국'을 선언한
이라크 폭격

··· 112

045 글로벌화

국경을 넘어
자유롭게 교류해요

··· 114

046 다국적 기업

국경 없는 자본, 투자의
그늘에 가려진 횡포를 드러내!

··· 117

047 아시아 금융위기

나라가 빚을 갚지 못하면
어떻게 될까?

··· 119

048 세계무역기구 WTO

무역의 법원, 국경을 넘는
무역 다툼을 중재해요

··· 121

049 9·11테러

2001년 9월 11일,
미국의 심장이 관통당한 날

··· 123

050 아프가니스탄 전쟁

미국의 보복 전쟁,
혼란의 세계

··· 126

051 이라크 전쟁

막을 수 있었던
두 번의 전쟁

··· 128

052 제노사이드

집단 말살,
인류 최악의 범죄

··· 130

053 인도양 쓰나미

인류가 겪은
가장 치명적인 자연재해

··· 132

054 쓰촨 대지진

쓰촨성을 덮친 지진,
두부처럼 무너진 건물들

··· 134

055 글로벌 금융위기

터져버린 거품,
세금으로 기업을 살리는 게 맞나요?

··· 136

056 아랍의 봄

철권통치의 겨울이 지나가고
찾아온 민주주의의 물결

··· 138

057 아세안

인구 6억의 힘,
북한도 외교를 펼치는 무대

··· 141

058 메콩강

여섯 나라를 가로지르는
동남아의 생명줄

··· 143

059 카슈미르

아름다운 산악지대,
히말라야를 두고 벌어진 싸움

··· 146

060 이스라엘-팔레스타인

가자지구에 바람 잘 날 없네!
콘크리트 장벽을 사이에 둔 삶

··· 149

061 블라디미르 푸틴

러시아 제국의 부활을 노리는
크렘린의 주인

··· 153

062 남중국해

9개 국가로 둘러싸인
바다에서 벌어진 일

··· 155

063 브렉시트

영국,
유럽연합에서 탈퇴하다

··· 158

064 이주

한국에 사는 외국인, 외국에 사는
한국인 모두 이주민이야

··· 160

065 다문화

저마다 살아 숨 쉬는 문화,
다양성을 이해하고 인정해요

··· 162

066 인종주의

모든 사람은 다 같은 종인데
누가 누굴 차별해?

··· 164

067 국제형사재판소

인류의 정의를 위해
세계가 협력해요

··· 166

068 유목민

농사 대신 목축,
옮겨 다니며 살아요

··· 168

069 난민
전쟁과 정치적 탄압에
내몰린 사람들,
어떻게 보호해야 할까요?
… 170

070 젠더사이드
성별로 인한 살해,
단 한 명도 잃을 수 없다!

… 172

071 고령화
전체 인구에서
노인이 늘어나요
… 174

072 청년실업
인공지능과도
일자리 경쟁을?
… 176

073 국제노동기구
유엔보다 먼저 만들어진 유엔 기구,
노동 문제를 다뤄요
… 178

074 포퓰리즘
민주주의와
뭐가 다를까?
… 180

075 문자 해독률
디지털 세계에서도
문자를 받아들이는 능력은 중요해
… 182

076 노벨 평화상
다이너마이트의 비극에서 시작된
평화의 메시지
… 184

077 평화유지활동
평화의 파란 헬멧을 쓰고 활동하는
유엔 평화유지군
… 186

078 팬데믹
세계가 하나 되니
전염병도 빨리, 더 멀리 번지네?
… 189

079 에이즈
예방과 치료가 가능한데도
감염자의 1/3이 치료받지 못한다고?
… 192

080 식량안보
지구 한쪽에서는 남은 음식을 버리고,
다른 쪽 사람들은 굶어 죽어가요
… 195

081 해적
바다의 도적들,
무엇을 노리는 걸까?
… 197

082 유네스코 세계유산
눈에 보이지 않는 유산도
함께 보호해요
… 199

083 개발원조

인권, 아동, 환경의
가치를 지켜가요

··· 202

084 기후변화

날씨와 기후는 뭐가 달라요?
인류의 위기가 된 기후재앙

··· 204

085 파리 협약

일단 행동하기 시작하면,
희망이 찾아올 거예요

··· 206

086 생물 다양성

저마다의 모습으로 존재하는 생태계,
누구도 아닌 우리를 위해 필요해요

··· 209

087 사막화

사막에서 불어온 모래폭풍,
지구를 덮다

··· 211

088 재생가능에너지

햇빛, 바람, 파도의 힘으로
에너지를 만들어요

··· 213

089 그린 뉴딜

미래 경제의 키워드는
'녹색'

··· 215

090 복제 양 돌리

멸종위기종도 과학의 힘으로
다시 태어날 수 있을까?

··· 217

091 유전 공학

과학기술의 발전,
그에 따른 법과 윤리가 필요해

··· 219

092 미세먼지

맑고 푸른 하늘을 가린
대기 오염 물질

··· 221

093 해양쓰레기

누구의 것도 아닌 우리의 바다,
우리의 지구를 뒤덮은 쓰레기

··· 223

094 메가시티

과학도시, 시민자치도시,
친환경도시…
어떤 동네를 만들고 싶나요?

··· 226

095 젠트리피케이션

낡은 골목을 고치고 꾸며
살려놓았더니 이제 나가래요

··· 228

096 지니계수

반지하와 대저택, 영화 속 양극화
세상의 불평등도 다르지 않아!

··· 230

097 바젤 협약

가난한 나라로 가는 쓰레기들,
네가 만든 쓰레기는
네가 책임져야지!

··· 232

098 아동노동

뛰어놀고 싶고 학교에 가고 싶어도
어쩔 수 없이 일해야 하는 아이들

··· 234

099 군축

무기 대신 복지를,
더 평화로운 세계로 가요

··· 237

100 지속가능발전목표

미래를 위해
세계가 함께 정한 목표,
우리 같이 달성해봐요!

··· 239

101 4차 산업혁명

AI와 디지털로 만들어 갈
인류의 미래는?

··· 241

메소포타미아
두 강 사이에서 시작한 문명

오늘날의 이라크와 이란, 터키, 시리아 등의 지역을 가리키는 말이에요. 메소포타미아Mesopotamia라는 말은 고대 그리스어에서 나온 말로, '두 강 사이에 있는 땅'을 뜻해요. 아랍어로는 아람 나흐린Ārām-Nahrīn이라고 하며, 역시 같은 뜻입니다. 그렇다면 이 지역을 왜 두 강 사이에 있는 땅이라 했을까요? 거대한 두 개의 강, 티그리스Tigris 강과 유프라테스Euphrates 강이 흐르고 있기 때문입니다. 이 일대는 대체로 건조한 지역입니다. 그러나 두 강 주변은 땅이 비옥해서 오래전부터 사람들이 살 수가 있었어요.

메소포타미아에 사람들이 거주하기 시작한 것은 기원전 1만 년 전으로까지 거슬러 올라갑니다. 어쩌면 그 전부터 메소포타미아에 사람이 살았을지도 모르지요. 다만 유적이나 유물 같은 기록들을 통해서 사람들이 살았던 것으로 확인된 시기가 그때쯤이라는 뜻입니다.

사람들이 모여 농사를 짓고 문자를 만들고 국가를 세우기 시작하면서 우리가 '문명文明'이라고 부르는 것이 시작됐지요. 메소포타미아 문명도 이러한 고대 문명들 중 하나입니다. 이 지역 사람들은 진흙벽돌로 집을 짓고, 강물을 끌어들여 농사를 짓고(관개농업), 숫자를 셈하고 문자를 만들었답니다. 종교도 생겨났고요. 이 모든 것들이 지구상에 가장 먼저 생겨난 곳 가운데 하나가 오늘날 우리가 '중동'이라 부르는 곳입니다. 중동에서는 "2700년 전에 쓰였던 와인 제조기가 발굴됐다"는 등등 고고학 소식들이 지금도 틈틈이 나온답니다.

인구가 많아지면 그 안에서 다스리는 사람, 농사짓는 사람, 별자리를 보고 점을 치는 사람, 제사를 지내는 사람 등 여러 종류의 일을 하는 사람들이 나뉘게 되지요. '계급'이 생기는 거예요. 세금을 거둬들여서 행정을 하는 국가가 만들어지고요.

고대 메소포타미아에는 수메르Sumer, 아시리아Assyria, 바빌로니아Babylonia 같은 여러 제국이 있었어요. 바빌로니아는 약 4000년 전에 세워져서 2500년 전쯤에 무너졌어요. 바빌로니아의 초창기 왕 중에서 한 명인 함무라비Hammurabi 왕 시절에는 정교한 법들이 만들어졌습니다. 이 법들은 '함무라비 법전'이라는 이름으로 지금까지 전해져옵니다.

Q   #문명 #티그리스 #유프라테스 #수메르_아시리아_비빌로니아_제국 #함무라비_법전 #고고학

만리장성

제국을 세워도 안심할 수 없어,
시대를 이어 침략을 막은 대성벽

중국과 오늘날의 몽골 사이, 드넓은 지역에 거대한 성벽이 있어요. 중국인들은 1만 리里나 된다는 뜻에서 이 성벽을 만리장성萬里長城이라고 부르고, 서양인들은 '대성벽Great Wall'이라 부릅니다.

이 긴 성벽은 춘추전국시대(기원전 722~서기 221년)부터 지어지기 시작했어요. 당시 중국에서는 여러 왕국이 서로 싸우고 있었지요. 성벽을 처음 만든 것은 그 가운데 위魏나라입니다. 위나라는 진秦나라의 침입을 막기 위해 성벽을 건축했지만 이를 막지 못했어요. 진나라는 여러 나라들을 무너뜨리고 중국에서 최초의 통일된 제국을 세웁니다. 그래서 진나라의 첫 황제인 영정嬴政을 가리켜 '시황제始皇帝'라고 부르지요. 중국의 황제가 그로부터 시작됐다는 뜻입니다.

하지만 제국을 세웠다고 해서 안심할 수는 없었어요. 진나라 역시 더 북쪽에서 넘어오는 다른 민족의 침략을 걱정해야 했습니다. 그래서 기존에 있던 성벽들을 이어 거대한 '장성' 즉, 긴 성을 만들기 시작했어요. 진 제국은 얼마 못 가 무너졌지만 한漢나라나 한참 뒤의 명明나라를 비롯한 후대의 제국들도 계속 성벽을 덧대고 보강했답니다. 흉노, 투르크, 몽골을 비롯한 이민족의 침입이 늘 중국을 위협했기 때문이에요. '이민족' 다시 말해 '중국인과는 다른 민족'이라 불리던 여러 민족의 후손들도 지금은 대부분 중국 안에 포괄됐지만요.

만리장성의 전체 길이는 5000km가 넘었고 성벽 위쪽 길로 연락병들이 오가거나 군대가 이동할 수 있었대요. 성을 만든 방식은 시대마다 다릅니다. 그래서 만리장성은 돌이나 벽돌로 지은 부분도 있고, 오래전에 세워진 진지 안에 흙을 채워 다지는 방식으로 만들어진 부분도 있어요. 워낙 거대한 성벽이라 13세기에 중국을 찾아간 이탈리아 여행자 마르코 폴로Marco Polo 같은 사람들도 중국을 설명하면서 만리장성 이야기를 빼놓지 않았죠. 하지만 이토록 큰 성벽을 쌓아야 했던 백성들은 얼마나 힘들었을까요. 진, 한, 명 같은 제국들은 장성을 짓는 데에 어마어마한 노동력을 투입했어요. 공사 때문에 대규모로 인구를 이동시켜야 했을 정도였지요.

현재 복원된 만리장성은 동쪽의 성문인 산하이관山海關에서 시작해 북서쪽의 자위관嘉峪關 성문까지 이어지는데 중국의 대표적인 관광상품이기도 합니다.

Q　#춘추전국시대 #진시황 #마르코폴로도_놀란_규모 #5000km #제국을_지킨_대성벽 #중국_관광

실크로드
비단길을 따라 오가는 세상,
비단만 거래했던 게 아니라고요?

기원전 2세기, 그러니까 지금부터 약 2300년 전 무렵부터 중국에서 시작해 멀리는 그리스와 로마까지 이어지는 교역로가 있었어요. 공예품과 직물을 비롯해 온갖 물품이 여러 갈래의 길을 따라 동서양 사이를 오갔죠. 그 길들을 통틀어 실크로드Silk Road라고 부르곤 합니다.

　실크로드, 영어 뜻풀이는 '비단길'이죠. 중국산 비단이 서양으로 전해졌다고 해서 1877년 독일의 지리학자이자 역사학자인 페르디난트 폰 리히트호펜Ferdinand von Richthofen이라는 사람이 붙인 이름입니다. 그러나 이 말은 오해를 불러일으키기도 해요. 중국에서 유럽까지 상인들이 오가던 길이 하나만 있었던 것도 아니고, 비단은 그저 거래된 여러 가지 물품 중 하나였을 뿐이거든요. 또한 인도나 페르시아(이란), 오늘날의 터키를 비롯해 여러 지역이 교역에 참여했고 멀리는 아프리카 대륙의 북쪽으로도 무역이 이어졌답니다.

중국에서부터 서쪽 지중해에 이르는 드넓은 지역에는 사막이나 건조한 지대가 많아요. 오래된 교역로를 따라 오아시스들이 점점이 나 있습니다. 이 오아시스들 주변으로 상인들이 오가는 도시들이 발달했지요. 중국 시안西安에서부터 투르크메니스탄 메르브Merv, 우즈베키스탄 사마르칸드Samarkand, 그 남쪽인 아프가니스탄 발흐Balkh 등이 실크로드를 끼고 발전한 도시들입니다. 거기서 아랍을 거쳐 서쪽의 터키와 시리아까지 교역이 이어졌어요. 하지만 15세기부터 이 교역로는 차츰 쇠퇴했어요. 여전히 사람들은 오갔지만 유럽 국가들을 중심으로 항해술이 발전하면서 해상 교역이 크게 늘어난 겁니다.

최근 들어 경제력이 부쩍 커진 중국은 오래전의 실크로드처럼 세계를 잇는 무역로를 되살리려 하고 있어요. 땅과 바다 양쪽에서 거대한 교역로를 만드는 '일대일로一帶一路'라는 경제계획입니다. 중국의 21세기 실크로드 계획은 성공할 수 있을까요? 아시아 동쪽 끝에 위치한 한국은 이런 거대한 흐름 속에서 어떤 자리를 차지할 수 있을까요?

Q #교역로 #일대일로 #중국에서 #인도_페르시아_터키_시리아까지 #실크로드는_왜_쇠퇴했을까

로마 제국
제국의 평화는 어디로

로마는 이탈리아의 수도죠. 거대한 원형 경기장인 '콜로세움'이나 '개선문'으로도 유명한 도시이고요. 지금 로마는 한 도시이지만 과거에는 어마어마한 제국의 이름이었답니다!

 2천여 년 전, 오늘날 우리가 이탈리아라고 부르는 곳에는 시민들이 의견을 모아 정치를 하던 공화정이 있었어요. 당시 '시민'은 전체 주민이 아니라 노예와 여성들을 뺀 일부 남성들만 해당되는 것이었지만요. 그러다 권력이 점차 한 사람에게 집중되더니, 옥타비아누스Octavianus라는 인물이 기원전 27년 공화정을 무너뜨렸습니다. 그는 황제가 되어 아우구스투스Augustus, '존엄한 사람'이라는 이름을 얻었어요. 그로부터 시작된 나라가 로마 제국입니다.

 그 이후로 약 200년 동안 로마 제국의 땅은 엄청나게 넓어졌어요. 지중해를 에워싸고 오늘날의 스페인에서 프랑스와 독일, 이탈리아, 아시아의 시리아와 아프리카 대륙 북부의 이집트, 리비아로 이어지는 드넓은 땅을 통합했습니다. 번창했던 이 시기를 '팍스 로마나Pax Romana' 즉 '로마의 평화'라고 부른답니다.

이때까지만 해도 유럽 대부분의 지역은 아직 문명이 크게 발전하기 전이었어요. 로마 제국은 지중해 주변 세계를 하나의 문화권으로 묶으면서, 발달된 문명을 여러 지역에 전파합니다. 문학과 철학, 법률, 예술과 건축 등등 모든 면에서 오늘날 우리가 '서구'라고 부르는 문명이 이 시절에 기반을 두고 있습니다. 로마의 언어인 라틴어는 오래도록 유럽 지식인들 사이에서 쓰였고요.

로마 제국은 여러 민족과 종교에 열려 있는 관용적이고 개방적인 나라였다고 해요. 그런 관대함이 제국의 발전을 가져온 힘이기도 했습니다. 기독교를 인정한 것도 로마 제국 시절의 일이었답니다. 그 후 기독교는 서양 문명의 중요한 바탕이 되지요.

그러나 로마 제국은 3세기 이후 조금씩 불안정해졌습니다. 장군들이 서로 자신이 황제라고 주장하면서 혼란이 일어난 데다, 북쪽에서 이방인들이 밀고 내려왔어요. 로마 제국은 결국 동쪽과 서쪽으로 갈라져 두 나라가 되었습니다. 서쪽의 서로마 제국은 480년에 무너졌지만 오늘날의 터키와 그리스를 중심으로 삼았던 동로마 제국은 그 후로도 1000년 동안 지속되었죠. 그러다가 1453년 오스만 제국(터키)에 멸망했습니다.

Q　#옥타비아누스 #팍스_로마나 #로마의 평화 #라틴어 #기독교 #동로마 제국 #서로마 제국 #멸망

카스트제도
인도에 뿌리 깊이 남아 있는 신분제

"꿈이 생각을 낳고, 생각이 행동을 낳는다." 2015년 7월 심장마비로 세상을 떠난 인도의 압둘 칼람APJ Abdul Kalam 전 대통령이 생전에 했던 말이랍니다. 우주과학자 출신인 칼람은 평생 '꿈'과 '교육'의 중요성을 설파했던 사람이에요. 2002년부터 5년 동안 대통령을 지낸 칼람은 재직 시절에는 물론이고 물러난 뒤에도 국민들의 사랑을 받았습니다. 인도의 정보기술(IT) 산업을 키운 사람이고 청렴한 것으로도 이름 높았지만, 특히나 그가 존경을 받았던 또 다른 이유가 있습니다. 칼람이 '달리트Dalit' 출신이었거든요.

인도는 인구가 14억 명이나 되고, 그중 80%가 힌두라는 종교를 믿습니다. 그런데 힌두교에는 카스트Caste라는 독특한 신분제도가 있어요. '카스트'는 인도를 방문한 포르투갈 사람들이 붙인 이름이지만 그 뿌리는 3000년도 더 전으로 거슬러 올라갑니다.

카스트 제도는 사람들을 성직자, 무사, 상인, 농민 등 여러 집단으로 나눠요. 크게 네다섯 개의 계급이 있다지만, 하는 일에 따

라 수백 개에서 잘게 보면 수천 개의 계급으로 구분합니다. 청소를 하는 사람도 도로를 치우는 사람과 화장실을 치우는 사람을 나누는 식으로요. 그중에서도 카스트 어디에도 속하지 않는 사람들이 있습니다. '손을 대서는 안 될 정도로 더러운 사람들(불가촉천민)'이라는 묶음까지 만들어서 그 사람들을 '달리트'라 부릅니다.

카스트제도는 고대에서부터 내려온 제도입니다. 그러나 지금처럼 굳어진 것은 인도를 다스렸던 이슬람 왕조인 무굴 제국이 끝나고 영국이 인도를 식민통치할 때부터였다고 보는 이들이 많아요. 지배계급에 속한 사람들이 식민지인 인도를 다스리게 하면서 이 제도를 이용했고, 신분제도를 더 견고하게 만든 것이죠.

칼람은 달리트 신분으로 대통령이 되었어요. '그러면 이제 카스트는 별 의미가 없나 보다' 생각했나요? 그렇지 않아요. 1948년 인도가 독립하면서 신분제도를 없앴지만 카스트는 뿌리 깊이 남아 있습니다. 신분이 낮은 사람들은 교육도 적게 받고 가난하게 살아가는 것을 당연한 일로 받아들이는 문화가 여전히 남아 있어요. 그래서 인도의 발전이 더디다는 얘기도 나옵니다.

Q #불가촉천민 #신분제 #계급 #뿌리_깊이_남은_카스트제도 #달리트

흑사병

시대를 휩쓸고
유럽을 집어삼킨 질병

1347년 10월, 이탈리아 시칠리아섬에 배 12척이 도착했습니다. 이 배들은 멀리 러시아와 이어져 있는 아시아의 흑해에서 출발했어요. 그런데 무슨 일이 있었던 것일까요? 배에 타고 있던 선원들 대부분은 이미 죽었고, 살아 있는 이들도 온몸이 시커먼 고름과 종기로 덮여 있었습니다. 죽음을 부르는 검은 병, 사람들이 '흑사병Black Death'이라고 불렀던 전염병이 그 원인이었습니다.

흑사병은 흙 속에 사는 페스트균이 쥐 같은 설치류를 거쳐 사람에게 들어와 일으킨 질병입니다. 14세기 중반에 중국과 인도 등 아시아와 유럽에 널리 퍼졌고 이집트 등으로도 번졌어요. 현대 학자들은 흑사병으로 숨진 사람을 적어도 7500만 명이 넘는 것으로 추정합니다. 지금은 세계 인구가 80억 명 가까이 되지만 14세기에는 4억 명이 채 못 됐어요. 그렇다면 얼마나 많은 사람이 희생된 것인지 짐작이 가지요? 유럽에서는 인구 3분의 1이 페스트로 숨졌고, 중앙아시아의 몇몇 지역에서는 도시 인구 90%가

사망한 것으로 파악됩니다. 모로코 여행가 이븐 바투타Ibn Battuta
는 14세기에 북아프리카의 모로코를 떠나 아랍 지역을 여행했습
니다. 그는 시리아의 다마스쿠스에서 매일 흑사병으로 숨져 실려
나가는 사람들의 참혹한 모습을 여행기에 적기도 했지요.

흑사병이라는 전염병이 어디에서 시작되었는지에 대한 설은
다양합니다. 아시아의 초원에서부터 유럽까지 대제국을 건설한
몽골에서 시작해 동유럽을 거쳐서 퍼졌다는 얘기도 있고, 애당초
유럽에 3000년 전부터 존재했던 병이라는 얘기도 있어요. 페스트
는 그 뒤에도 수백 년 동안 유럽과 아시아 여러 곳에서 되풀이하
여 나타났습니다. 19세기가 되어서야 프랑스 과학자가 흑사병의
원인을 밝혀냈어요. 이 병은 여시니아Yersinia pestis라는 세균으로
인한 감염이었습니다.

특히 유럽에서는 이 대재앙이 정치와 경제, 사회와 문화에 큰
영향을 미쳤습니다. 인구가 크게 줄어든 것이 가장 큰 문제였고,
우울한 분위기가 시대를 휩쓸었습니다. 흑사병을 애꿎은 유대인
들 탓으로 돌리며 유대인들을 핍박하는 일도 일어났고요. 이탈리
아 작가 조반니 보카치오Giovanni Boccaccio가 쓴 『데카메론Decameron』
이라는 소설을 비롯해, 그 시대를 묘사한 문학이나 예술 작품들
도 만들어졌습니다.

Q   #죽음을_부르는_검은_병 #페스트 #인구감소 #여시니아_세균 #데카메론

잉카 제국
문명의 시작과 끝,
상처로 남은 흔적

아시아 북동쪽 끝, 북극에 가까운 베링해협을 지나면 북아메리카(북미) 대륙이 시작됩니다. 아시아에서 사냥과 채집을 하던 사람들은 구석기 시대부터 북아메리카와 남아메리카(남미) 등 아메리카 대륙에 건너간 것으로 보입니다. 크리스토퍼 콜럼버스 Christopher Columbus가 15세기에 유럽에서 배를 타고 북미와 남미 사이의 섬에 다다른 것을 두고 새로운 대륙을 '발견'했다고 하는 것은 유럽인의 시각일 뿐, 아메리카에는 오래전부터 사람들이 살면서 여러 국가를 건설했답니다. 마야Maya, 올멕Olmec, 아스테카Aztec 같은 문명들이죠.

잉카Inca 문명은 콜럼버스가 가닿기 전까지 남미에서 가장 번성했던 제국입니다. 지금의 페루 남동부에 있는 쿠스코Cusco라는 도시는 당시 행정, 정치, 군사의 중심지였어요. 13세기에 페루의 고원지대에서 시작된 잉카 제국은 오늘날의 볼리비아, 아르헨티나, 칠레, 콜롬비아의 일부에까지 걸친 드넓은 영토를 가지고 있었답니다. 케추아Quechua라는 언어를 많이 썼고, 인구는 600만 명에서 1400만 명에 이르렀던 것으로 추정됩니다.

당시 남미 대륙에는 바퀴도, 짐을 끄는 동물도, 쇠로 만든 도구도 없었어요. 그렇지만 잉카인들은 정교한 국가체계를 발전시켰답니다. 돌로 포장된 도로와 세련된 직물들, 매듭을 이용한 일종의 문자와 건축물들이 잉카의 문화 수준을 알려주지요. 대표적인 건축물로 마추픽추Machu Picchu가 있어요. 페루 남서부에 있는 마추픽추는 잉카인들이 15세기에 지은 거대한 성채예요.

잉카 제국은 유럽인들의 침략에 멸망했어요. 잉카의 마지막 황제 아타우알파Atahualpa는 스페인 군인 프란시스코 피사로Francisco Pizarro에게 붙잡혀 살해됐고, 1572년 잉카의 마지막 요새마저 스페인에 정복됩니다. 유럽에서 온 침략군의 말과 총도 강했지만, 유럽인들이 남미에 가지고 간 천연두라는 질병이 가장 큰 위험이었어요. 천연두는 저항력 없던 남미 원주민들을 죽음으로 몰아넣었지요. 원주민 인구의 90%가 사망했을 정도였습니다. 잉카의 몰락 이후 남미 대륙 전체가 유럽의 식민지가 됐습니다. 지금은 다들 독립 국가가 됐지만 살아남은 원주민의 후손들은 여전히 가난과 차별에 시달리고 있습니다.

Q #마야 #아즈텍 #문명 #케추아 #마추픽추 #콜럼버스 #천연두 #남미 #원주민 #식민지

오스만 제국
현대 터키의 역사가 시작된 곳

터키에서 가장 큰 도시 이스탄불Istanbul. 이 도시는 오래전 로마 제국 시절에 콘스탄티누스Constantinus 대제의 이름을 따서 지어져서 '콘스탄티노폴리스Konstantinopolis'라 했어요. 로마 제국이 동서로 갈라지면서 생겨난 동로마 제국을 '비잔틴 제국Byzantine Empire'이라고도 불러요. 서유럽의 기독교가 주로 가톨릭이라면, 동로마 제국에서 발전한 기독교는 동방기독교 혹은 정교라고 칭합니다. 콘스탄티노폴리스는 1000년이 넘는 세월 동안 그리스 문화에 바탕을 둔 동방기독교의 중심지였답니다. 하지만 15세기에 동쪽에서 온 이슬람 세력인 오스만 제국Ottoman Empire에 함락돼 '이슬람의 도시'라는 뜻의 이스탄불로 이름이 바뀌었답니다.

오스만 제국은 투루크족이 13세기 말에 아시아 내륙지대인 아나톨리아에 세운 나라예요. 오스만 제국은 급속히 세력을 넓혀 아시아와 유럽과 아프리카의 3개 대륙에 걸쳐 드넓은 영토를 장악했답니다. 그 지배자들을 '술탄Sultan'이라 불러요. 그중 '정복

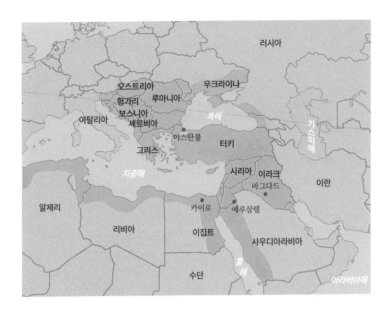

↑ 1683년 오스만 제국의 최대 영역

자'라는 별명을 얻은 메흐메드 2세Mehmed II 시절에 비잔틴 제국을
멸망시키고 유럽에서 가장 번창한 도시였던 콘스탄티노폴리스
를 차지하지요.

오스만 제국은 이슬람 제국이지만 다른 종교에 관용적이었
고 군인들과 지배자들 중에 유럽계나 이민족도 많았답니다. 특히
열 번째 술탄 술레이만 대제Süleyman-ı Evvel는 제국의 영토를 넓히
고 행정, 군사, 법률체계를 가다듬었으며 문화와 예술을 후원해
명성이 높았습니다.

오스만 제국은 아시아와 유럽의 문화를 융합하면서 600년 동안 강대국으로 군림했어요. 하지만 유럽이 새로운 사상과 과학기술로 무장하는 동안에 오스만 제국은 근대적인 개혁으로 나아가길 머뭇거리다 시대에 뒤처졌습니다. 이에 18세기 이후로는 유럽국들에 밀려 휘청거리기 시작했죠. 유럽 대륙의 영토는 유럽국들에 빼앗겼고, 아시아와 북아프리카에서도 오스만 제국의 지배를 받던 민족들이 독립 국가를 세우면서 영토의 대부분을 잃고 맙니다. 결국 현재의 터키 영토만큼 축소됐고, 1920년대 왕정이 무너지고 터키 공화국이 생겨나면서 현대 터키의 역사가 시작됐지요.

#터키 #이스탄불 #콘스탄티노폴리스 #오스만투르크 #투르크 #술탄 #술레이만_대제

계몽주의
어둠에서 깨어나 빛으로!

'계啓'는 열리는 것, 깨어나는 것을 뜻해요. '몽蒙'은 어두운 것, 어리석은 것을 가리키는 한자입니다. 그러니까 계몽은 무지한 상태에서 깨어나는 것을 말해요. 사람이 아픈 것은 귀신이 들려서이고, 세상은 네모난 평지이고, 모든 별들은 지구를 중심으로 돌고, 재난이 일어나는 것은 왕의 덕이 모자라서라고 믿던 사람들이 과학과 이성을 통해 세상을 새로 보게 되는 것을 의미합니다.

아주 오래전, 2000년도 더 전에 고대 그리스의 철학자들은 우주와 자연을 관찰하고 수학적인 정리들을 만들었지요. 로마 사람들도 자연의 질서와 인간 세상의 법칙들을 탐구했습니다. 그러나 기독교가 개인의 생각뿐 아니라 국가와 정치 모든 것에 영향을 미치면서 자유로운 탐구는 사라지고 맙니다. 고대와 근대 사이, 유럽의 중세를 '암흑시대'라고 부르는 것은 이런 이유에서죠.

정치적인 싸움과 재난과 혼란이 계속되자, 사람들은 점점 새로운 길을 찾기 시작했습니다. 이어 종교의 굴레를 벗어나려는 움직임이 일어납니다. 그리스와 로마의 유산을 유럽인들이 '재발견'하게 된 거예요. 기본적으로 인간을 중심에 놓는 인본주의人本主義가 힘을 얻고, '르네상스(재탄생)'라는 문화현상이 이탈리아를 시작으로 퍼졌어요. 천문학자 코페르니쿠스Nicolaus Copernicus는 천체들이 지구가 아닌 태양을 중심으로 돈다고 주장해 낡은 세계관을 흔들었습니다. 중요한 과학적 발견들이 뒤를 이으며 종교의 권위가 점점 무너지고 사람들은 이성과 과학에 더 많이 의존하게 됩니다.

17~18세기에 유럽에서는 과학적인 지식이 쌓이면서 신의 존재와 종교의 의미를 되새겨보는 거대한 흐름이 생겨났습니다. 인간과 세상을 바라보는 관점의 변화가 시작된 거예요. 이로써 인간의 능력 가운데 '생각하는 힘'인 '이성'의 역할을 더욱더 중요하게 여기게 되었는데요. 당시의 그런 사상, 혹은 지적인 운동을 계몽주의라고 불러요. 계몽주의를 뜻하는 영어 'Enlightenment'나 프랑스어 'Lumières'는 모두 '빛'을 가리키는 말에서 나왔어요.

이런 흐름은 과학이나 철학, 예술의 영역을 넘어서 유럽 사회 전체에 거대한 변화를 불러왔습니다. 누군가의 권위보다는 개인의 이성과 자유를 중시하게 되면서 민주주의로 가는 길을 열었던 것입니다.

Q   #생각하는_힘 #무지에서_깨어나 #중세_암흑시대 #인본주의 #르네상스 #그래도_지구는_돈다

종교개혁
부패한 교황청과 교회는 물러가라!
중세에 종말을 고하다

오늘날의 그리스와 터키 문화권에 해당되는 비잔틴 제국에 대해 앞에서 얘기했지요? 그보다 더 서쪽에 있는 유럽 여러 지역은 대략 5세기부터 15세기까지 중세를 보내요. '중세中世, Medium aevum' 라는 말은 고대와 근대 사이, 그 가운데에 끼어 있는 시대를 가리키는 용어예요.

중세 서유럽에서 무엇보다 강한 영향력을 행사한 세력은 가톨릭, 즉 기독교였어요. 로마의 교황이 유럽국가들의 왕보다도 권력이 강할 때가 많았지요. 교황 자리를 놓고 유럽 왕실들이 편을 갈라 싸우기도 했고요. 교회는 점점 더 썩어들어갔습니다. 신을 섬기고 세상을 위해 봉사하기보다는 돈벌이와 권력다툼의 무대가 돼버렸죠. 심지어 교황청은 신자들에게 '지옥에 떨어지지 않도록 죄를 없애주겠다'면서 돈을 받기도 했어요.

교회의 부패에 반대하며 종교의 본래 목적을 기억하자는 목소리가 커졌어요. 1517년, 독일의 신학자 마르틴 루터Martin Luther

는 교회의 잘못을 비판한 '95가지 논제'를 발표했어요. 이를 계기로 교회를 바꾸려는 운동, 즉 종교개혁이 일어났어요. 어떤 이들은 아예 로마 교황청의 지휘를 받지 않는 새로운 교회를 만들었어요. 종교개혁 이후에 생겨난 새로운 기독교를 신교, 개신교 등으로 부른답니다.

신교는 독일뿐 아니라 네덜란드, 스위스, 영국 등지로도 퍼져 갔지요. 영국에서는 마침 국왕 헨리 8세Henry VIII가 재혼과 왕위 계승 같은 것들을 놓고 교황청과 다투고 있었어요. 국왕은 1536년에 영국 교회를 로마 교황청으로부터 독립하도록 만들어요. 이렇게 생겨난 영국의 신교는 '성공회Episcopal Church'라는 독특한 기독교의 갈래를 형성하고 있습니다. 세계적으로 보면 기독교를 믿는 사람들 가운데 60%는 가톨릭 신자이고, 40% 정도가 신교도로 추산됩니다.

유럽을 휩쓴 종교개혁은 르네상스, 인본주의 같은 당시의 사상적인 흐름과도 맞물려 있었어요. 이미 약해지고 있던 종교의 권위를 뿌리부터 흔들었다는 점에서, 종교개혁은 유럽의 중세에 종말을 고하고 근대를 앞당기는 도화선이 됐지요.

Q #중세 #교황청 #권력_다툼의_무대였던_교회 #마르틴_루터 #종교개혁 #신교 #중세의_종말

미국
새로 발견한 대륙이라 자랑하지 마! 누군가가 이미 살고 있던 곳이야

종교개혁을 일으킨 신교도들을 가톨릭에 맞서 '저항한 사람들' 이라는 뜻의 '프로테스탄트protestant'라 부르기도 해요. 1620년, 영 국의 프로테스탄트들 중에서 일부는 더 나은 삶을 찾아 메이플라 워Mayflower라는 배를 타고 대서양을 건너 머나먼 아메리카로 향했 습니다.

이들을 시작으로, 북미의 동부에 터를 잡은 유럽계 이주민들 은 점점 늘어나 이내 북미대륙 전역으로 퍼져나갔죠. 이들은 원 주민들을 마구잡이로 죽이거나 속여서 땅을 빼앗았어요. 원주민 들이 살고 있던 지역인데도 마치 아무도 없던 땅을 새로 발견한 것인 양 '서부 개척'이라 이름을 붙이기도 했지요. 북미 대부분의 지역은 이런 과정을 거쳐서 영국의 식민지가 됐습니다.

북미의 식민지 주민들은 점점 불만이 커져갔어요. 멀리 떨어 져 있는 영국 정부가 높은 세금을 물리면서도 정치적인 권리는 인정해주지 않았기 때문입니다. 영국이 무역을 비롯한 모든 것을 통제하면서 착취하려 하는 데에 식민지의 백인 주민들은 분노합니다. 이들은 1775년에 영국 정부를 상대로 전쟁을 일으키고, 1776년 7월 4일 독립을 선언합니다. 이렇게 해서 생겨난 나라가 미국입니다.

미국인들은 미국의 첫 대통령 조지 워싱턴George Washington을 비롯해 독립전쟁을 승리로 이끌고 나라의 기틀을 닦은 사람들을 '건국의 아버지들'이라고 부릅니다. 이들의 독립선언은 모든 사람이 평등하게 창조됐으며 사람에게는 결코 남에게 줄 수 없는 권리가 있다는 점을 분명히 하고 있어요. 그 권리를 침해하는 정부를 몰아내고 새 정부를 만드는 것 또한 인간의 권리라고 적었죠. 왕이 다스리는 왕정국가들이 대부분이던 시대에 시민들이 정부를 만들 권리를 선언한 거예요. 그래서 미국을 민주주의의 본산이라고 부르지요.

하지만 건국의 아버지들이 인정한 '평등한 인간'은 유럽계 남성들뿐이었고, 여성들과 흑인 노예들이 시민으로서의 권리를 인정받은 것은 한참이 지난 20세기 이후의 일이랍니다.

Q　#프로테스탄트 #메이플라워 #건국의_아버지들 #서부개척 #독립전쟁 #독립선언 #평등 #권리

프랑스혁명
자유로 가는 길을 막지 마!
봉건제 특권층과 맞서 싸운 시민들

과학기술이 발전하고, 무역과 경제도 발전하면서 17~18세기 유럽에는 새로운 지위를 가진 사람들이 생깁니다. 신분은 높지 않지만 돈을 벌어 자산가가 되는 사람들이 늘어나 '부르주아지 bourgeoisie'라는 신흥 자본가 계급이 생겨났어요.

반면 정치 제도는 낡은 틀에 머물러 있었습니다. 왕이 모든 권력을 휘두르고, 그 밑에 있는 귀족들이 땅을 나누어 가지고서는 특권을 누렸죠. 농민이나 상인을 비롯한 나머지 사람들은 대부분 가난과 억압에 시달렸어요. 계몽주의의 영향으로 새로운 체제를 갈구하는 사람들이 늘어나고 그들이 가진 경제적인 힘이 점점 커지고 있는데, 정치적으로는 중세 때부터 내려온 '봉건제'의 틀이 남아서 사람들을 옥죄고 있었던 거예요.

특히 프랑스에서는 부르봉Bourbon 왕조가 절대적인 권력을 휘두르고 있었어요. 그러다가 루이16세Louis XVI 시절인 1789년, 흉년이 들자 불만이 극으로 치달았습니다. 이에 사람들이 시민혁명을

LIBERTÉ ÉGALITÉ FRATERNITÉ OU LA MORT

일으켜요. 감옥으로 몰려가 갇혀 있던 사람들을 풀어주고, 국왕과 왕비를 잡아다가 처형해버리죠. 그보다 몇 해 전에 일어났던 미국 독립혁명의 소식이 유럽으로도 전해지면서 자유에 대한 사람들의 갈망이 커지고 있던 터였어요.

프랑스 혁명은 군주가 다스리는 '앙시앵 레짐Ancien Régime(옛 체제)'을 무너뜨렸고 유럽을 휩쓴 시민혁명의 도화선이 됐습니다. 혁명 세력은 자유와 평등, 종교와 출판의 자유 같은 인간의 기본적인 권리는 시간과 장소에 상관없이 보편적인 것이라는 '인간과 시민의 권리 선언'을 발표했습니다. 이는 세계에 인권의 기본 틀을 제시한 것으로 여겨지는 문서랍니다.

왕정은 무너졌지만 그 후에 공화국이 들어섰다가 나폴레옹 Napoléon Bonaparte이라는 군인이 스스로 황제 자리에 오르는 등 혼란도 있었어요. 혁명을 일으킨 급진적인 세력과, 혁명을 지지했지만 그보다는 온건한 부르주아지들 사이에 갈등이 일어나기도 했고요. 하지만 프랑스혁명이 민주주의의 새로운 시대를 연 것만은 분명해요. 더는 왕의 다스림을 받는 백성이 아닌 서로 대등한 시민이 봉건제의 특권층과 맞서 싸워 승리를 거둔 것이었으니까요. 지금 우리가 누리고 있는 민주주의도 프랑스혁명이 전해준 선물이라고 할 수 있겠죠.

Q #왕이_뭐라고 #신흥_자본가 #봉건제 #시민혁명 #인간과_시민의_권리_선언 #자유와_평등 #인권

제국주의
아프리카 나라들의 국경선은
왜 직선일까?

우리는 종종 '제국'이라는 말을 씁니다. 대체 제국은 뭘까요? 글
자 그대로라면 황제가 다스리는 나라를 가리켜요. 하지만 실제로
는 그보다 훨씬 복잡한 뜻을 가지고 있답니다.

유럽에서 항해술을 비롯한 기술이 발전하면서, 점점 더 힘이
강해진 나라들은 멀리 아메리카나 아프리카, 혹은 아시아로 나아
가기 시작해요. 처음에는 무역을 하려는 사람들이 상선을 타고
외국으로 향했습니다. 그러다 점점 국가가 지원해서 외국을 자신
들의 나라로 아예 종속시키거나 완전히 점령해서 속국으로 만들
고, 국민들을 보내 식민지로 삼는 쪽으로 갔던 거예요. 제국주의
帝國主義, Imperialism는 어떤 나라가 다른 나라나 지역을 그렇게 지
배하려 하는 경향 혹은 정책을 가리키는 용어입니다.

15세기부터 18세기 중반까지 영국, 프랑스, 네덜란드, 포르투
갈, 스페인 등은 아메리카와 인도, 아프리카 여러 지역을 공격해
식민지를 늘려갔어요. 현지 주민들이 저항하는 것을 막기 위해

🔼 아프리카 나라들의 국경선을 살펴보자

학살하거나 무참히 탄압했고, 강제로 노동을 시키거나 자원을 빼앗아갔지요. 때로는 식민지를 더 차지하겠다면서 제국주의 국가들끼리 서로 싸우기도 했고요.

유럽 국가들 안에서는 민주주의와 인권이 발전해나갔습니다. 그러나 유럽계 사람들은 유럽계가 아닌 사람들을 야만인으로 취급하거나 '인간으로서의 권리가 없는 존재'로 여겨 차별하고 핍박하는 시대가 오랫동안 이어졌어요. 19세기 중반부터 제국주의의 경향은 더욱 강해졌습니다. 시민혁명을 일으켜 건국된 미국과 아시아의 새로운 강국으로 떠오른 일본까지 제국주의에 가세했지요. 미국이 스페인과 싸워 이긴 뒤 필리핀을 점령했던 일이나 일본이 조선을 식민지로 만들었던 것이 그런 예입니다.

당연히 그로 인한 피해는 식민지였던 지역에 두고두고 나쁜 영향을 미쳤죠. 1945년 제2차 세계대전이 끝난 뒤 한국을 비롯한 많은 나라가 독립해서 새로운 나라로 다시 탄생했습니다. 아프리카에서는 1960년대에 여러 나라들이 독립했는데요, 유럽의 옛 제국들이 땅을 서로 차지하려 싸우면서 멋대로 그은 국경선을 기준으로 새 나라들이 만들어졌어요. 지도를 찾아보면 아프리카에는 국경선이 직각인 나라들이 많아요. 제국주의의 그림자는 이렇게 지금도 영향을 미치고 있답니다.

🔍 #제국 #기술_발전 #식민지 #학살 #지원수탈 #독립 #제국주의의_그림자

동인도회사
유럽 국가들의 아시아 쟁탈전

동인도회사東印度會社. '동'은 동쪽이라는 뜻이고, '인도'는 나라 이름인데 거기에 '회사'가 붙었네요. 대체 무슨 회사일까요?

영국은 인도를 비롯한 아시아의 모직물이나 향료 시장을 장악하고 무역을 독점하기 위해 1600년에 동인도회사East India Company라는 기업을 만들었어요. 영국뿐만 아니라 네덜란드, 포르투갈 등 유럽 국가들도 줄줄이 비슷한 회사를 세워놓고 아시아 쟁탈전을 벌였답니다. 기업의 형태를 빌렸지만 사실은 현지의 국가나 군주를 압박하고 지배권을 빼앗는 역할을 했어요. 땅을 차지한 뒤 주민들에게서 세금을 걷고, 영국에서 이주해온 사람들에게 현지 사람들 땅을 빼앗아 넘겨주는 식으로요.

말하자면 동인도회사는 제국주의의 첨병, 앞잡이였던 셈이죠. 유럽 국가들은 먼저 이런 무역회사들을 내세운 뒤 군대를 보내고 자국 국민들을 이주시키는 과정을 거쳐서 아시아를 차지했어요. 영국은 오늘날의 인도 일대를, 네덜란드는 인도네시아 등 동남아시아 몇몇 지역을 장악하고 식민지로 삼아 지배했어요. 그로 인한 피해는 고스란히 식민지 주민들이 감당해야 했습니다. 자원을 빼앗기고, 노동력을 수탈당하고, 저항하던 사람들은 목숨을 잃었으며 발전할 기회 또한 빼앗겼으니까요. 제국주의 국가들은 점령한 지역들이 제 힘으로 일어서지 못하도록 억압했습니다. 그뿐 아니라 이 민족과 저 민족이, 혹은 한 민족이나 지역주민들 내에서 여러 집단들이 서로 싸우게 부추기기도 했답니다.

17세기 말 영국 정부는 동인도회사에 인도사람들을 끌어다 군대를 만들고 전쟁을 할 수 있는 권력까지 줬어요. 1757년, 동인도회사가 모집한 인도인 병사들이 회사의 횡포에 맞서서 대대적인 저항을 벌였습니다. '세포이 항쟁'으로도 불리는 이 저항운동은 인도인들이 영국에 맞서서 벌인 본격적인 독립운동의 시발점으로 불립니다.

영국 정부는 1874년 동인도회사를 해산한 뒤 인도를 직접 통치하는 쪽으로 방향을 바꿨어요. 그러나 인도의 일부 지배층을 동원해 주민들을 억압하고 착취하는 식민통치는 계속됐습니다. 거기에 맞서 1947년 인도가 독립할 때까지 마하트마 간디Mohandas Karamchand Gandhi의 비폭력 저항운동과 같은 반영국 운동들이 이어졌습니다.

#영국과_인도 #제국주의 #세포이_항쟁 #마하트마_간디 #비폭력_저항운동

노예무역
사람을 물건처럼 사고 팔다니!

아프리카 대륙 북쪽에는 유럽이 있지요. 아프리카와 유럽에서 부터 서쪽으로, 거대한 바다인 대서양을 건너면 아메리카 대륙이 있고요. 아메리카 대륙에 식민지를 만든 유럽국가들은 아프리카에서 노예를 사들이거나 강제로 붙잡아서 아메리카로 데려갔어요. 식민지 사람들을 짐짝처럼 선박에 싣고 가서 플랜테이션 Plantation 농장들에 노예로 넘겼습니다. 플랜테이션은 자체적으로 먹을 것을 생산하는 게 아니라 사탕수수나 목화, 커피, 담배, 카카오처럼 돈 받고 팔기 위한 특정 작물을 대규모로 키우는 농장을 말해요. 영국으로부터 독립한 미국도 노예 매매에 뛰어들었지요.

이렇게 아프리카 노예를 아메리카로 팔아넘긴 것을 '대서양 노예무역 Atlantic slave trade'이라 불러요. 16세기부터 19세기까지 팔려간 노예들의 숫자는 적게 잡아도 1200만 명이 넘습니다. 배에 실려 가다가 굶어 죽거나 병에 걸려 죽은 사람만 해도 150만 명이 넘는대요. 노예무역은 유럽 제국주의 국가들과 미국이 저지른 최

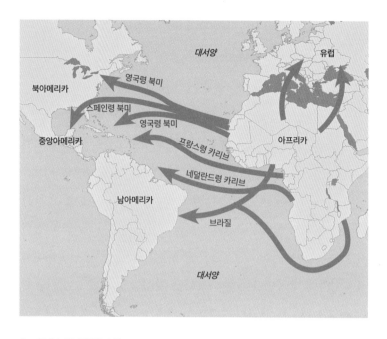

대서양

유럽

북아메리카

영국령 북미

스페인령 북미

영국령 북미

중앙아메리카

프랑스령 카리브

아프리카

네덜란드령 카리브

남아메리카

브라질

대서양

↑ 근대 노예 무역의 흐름

악의 범죄였던 거예요.

　학자들은 '자신이 선택한 것이 아닌데도' '살아가는 데에 필
요한 것 이상의 돈을 받지 못한 채' '강제로 일해야 하는' 사람
을 '노예'로 규정합니다. 잔혹한 노예무역에 대한 비판이 일자
19~20세기 초반 영국과 프랑스 등은 노예무역을 금지시켰어요.
1860년대 미국에서는 노예제를 유지하려는 남부 주들과 이에 반
대하는 북부 주들 사이에서 '남북전쟁American Civil War'이 일어났
습니다. 그 결과 북부 주들이 승리했고 1863년 에이브러햄 링컨

Abraham Lincoln 대통령이 노예해방령을 발표합니다.

　1948년 12월 10일, 유엔 총회는 모든 종류의 노예를 금지한 세계인권선언을 채택했습니다. 하지만 여전히 몇몇 나라들에는 불법 노예들이 있어요. 개발이 덜 된 나라들뿐만 아니라 영국 등 일부 나라에는 여전히 인신매매를 당하고 강제노동을 하는 숨겨진 노예들이 있습니다. 2010년대 이후에서야 이 문제가 불거졌어요.

　아프리카 국가들은 노예무역에 가담한 나라들에 줄곧 사과와 배상을 요구했습니다. 그러나 유럽국들은 '시효가 끝났다'면서 거부해왔어요. 2008년 7월 미국 하원은 과거의 노예제에 대해 아프리카계 미국인들에게 사과하는 결의안을 통과시켰으나 흑인 차별은 여전히 사라지지 않았습니다.

🔍　#플랜테이션 #값싼_노동력 #강제노동 #남북전쟁 #노예해방 #인신매매 #흑인_차별

산업혁명
손에서 기계로, 시골에서 도시로!

'제임스 와트James Watt의 증기기관'을 들어보셨나요? 예전에는 말이나 소 같은 동물의 힘이나 바람, 물처럼 자연의 힘을 이용해서 농사를 짓고 방아를 찧었어요. 영국의 기계공학자 와트는 물이 끓을 때 나오는 증기의 힘을 가지고 발전기를 돌려 에너지를 생산할 수 있다는 것을 알고 그 아이디어를 현실로 옮겼습니다.

기계를 움직이는 새로운 힘, 즉 새로운 동력動力을 얻게 되면서 18세기 후반부터 19세기 중반 사이 영국에서는 산업이 어마어마하게 발전하기 시작합니다. 직물 산업을 시작으로 산업이 개혁적으로 발전한 것을 산업혁명이라 불러요. 산업혁명은 곧 유럽 전체로 퍼져나갔죠. 그 배경에는 영국을 비롯한 유럽에서 과학과 기술이 대대적으로 발전했던 역사가 깔려 있답니다.

과거 집이나 작은 작업장에서 손으로 물건을 만들었다면, 산업혁명 이후에는 이 단계를 넘어 기계를 이용해 공장에서 노동자들을 고용해 생산하게 되었습니다. 그러면서 경제만이 아니라 사

회 전체가 크게 달라졌어요. 귀족과 농민이라는 신분제도는 자본가와 노동자라는 새로운 범주로 바뀌었고, 산업혁명이 먼저 시작된 유럽(그리고 뒤이은 미국)은 세계에서 경제적, 정치적으로 앞서나가게 됐지요. 이는 앞에서 이야기했던 제국주의와 결합하면서 세계의 나라와 지역들을 더 발전한 곳과 덜 발전한 곳으로 나누는 요인이 되기도 했습니다.

산업혁명 덕에 이전보다 잘살게 되니까 인구는 크게 늘었어요. 공장을 돌리는 연료인 석탄이나 기계의 원료인 철의 수요도 많아졌겠죠. 철과 석탄 등등 산업에 필요한 것들을 중심으로 사람이 모이고 공장 도시들이 생겼습니다. 농사를 짓던 사람들이 돈을 더 많이 벌려고 공장이 있는 도시들로 향하면서 인구의 이동이 일어났고요. 산업혁명은 이렇게 사회와 경제, 사람들의 삶과 지리적인 분포를 모두 바꿔놓았답니다.

아시아에서는 일본이 먼저 산업혁명의 성과들을 받아들였고, 한국을 비롯한 몇몇 나라들은 20세기 중반 식민지에서 독립한 뒤에 그 길을 따라서 발전했어요.

산업혁명은 부작용도 있었습니다. 연료로 쓰이는 석탄과 석유에 들어 있는 탄소가 대기 중으로 풀려나온 거예요. 그로 인한 기후변화는 뒤에 가서 자세히 짚어볼게요.

Q #증기의_힘 #새로운 동력 #산업_발전 #귀족과_농민 #가내수공업_안녕 #자본가와_노동자 #도시

메이지유신
메이지 천황의 개혁 운동

일본인들은 일본을 다스리는 군주를 하늘이 내려줬다며 '덴노天
皇' 즉 천황이라고 칭해왔지요. 하지만 꽤 오랫동안, 쇼군將軍이
라 불리는 장군들이 여러 지역을 차지하고 있었기 때문에 천황의
권력은 이름뿐이었어요. 힘이 센 쇼군들은 '막부幕府'라는 일종의
정부를 만들어서 천황을 제치고 권력을 행사했습니다.

　일본이 여러 세력으로 나뉘어 발전이 늦어진 사이, 유럽 국가
들과 미국은 경제력과 군사력을 키웠어요. 그리고 일본을 상대로
'우리가 장사를 할 수 있게 항구를 열라'며 압박했습니다. 개항開
港을 강요당한 일본 안에서는 힘을 키워야 한다는 자각이 일어났
고, 그러려면 각 지역을 쇼군들이 나누어 갖는 구조에서 벗어나
천황에게 권력을 몰아줘야 한다고 보는 사람들이 늘었어요. 이들
은 당시의 집권 세력이던 도쿠가와德川 막부를 무너뜨리고 천황
에게 힘을 실어주었습니다. 옛날 중국과 한국, 일본의 군주들은
즉위기간의 이름을 정해 햇수를 매겼어요. 이를 연호年號라고 부

릅니다. 권력이 커진 당시, 일본의 천황은 연호가 메이지明治였기 때문에 사람들이 그를 메이지 천황이라 불러요. 그리고 1868년부터 20년 가까이 벌어진 일본의 개혁운동을 '메이지유신明治維新'이라 칭합니다.

메이지유신의 주축이 된 사람들은 동양식 군주제를 유지하면서 서양의 과학기술을 받아들여 서양을 따라잡고자 했어요. 그래서 수도를 교토京都에서 도쿄東京로 옮긴 뒤에 중앙정부를 강화하고 산업을 발전시켰습니다. 옛날 행정구역인 '번'을 지금처럼 '현'으로 바꾸었고, 헌법을 만들었으며 막부 시절 사용했던 신분제도 없앴지요. 발전한 서양의 문화와 기술을 배우기 위해 유럽과 미국에 사절단을 보냈으며 서양식 달력도 도입했어요. 과거 일본인들은 고기를 잘 먹지 않았는데요, 육식도 이 무렵에 보급했다고 하지요. 철도를 깔고 정부가 나서서 공장을 짓고 국립은행을 세우고 '엔'이라는 지금의 통화제도를 시작했어요.

일본은 아시아 내에서 주도적으로 개혁과 근대화의 길을 걸으며 힘을 비축했습니다. 와중에 일본에서는 '서양처럼' 제국주의를 추종하려는 움직임도 커졌어요. 이는 뒤에 조선을 식민지로 만들고 숱한 전쟁을 일으키는 비극으로 이어졌어요.

Q #일본 #쇼군_장군 #막부정치 #개혁운동 #동양식_군주제 #서양식_문물_도입 #개항

1차 세계대전
세계가 휘말린 유럽의 전쟁

산업혁명과 식민지 점령으로 힘을 축적한 유럽에서는 여러 나라들이 안팎으로 경쟁을 벌였어요. 오스트리아-헝가리 제국도 그런 유럽국가들 중 하나였습니다. 그런데 1914년 6월, 이 왕조의 후계자가 오늘날의 보스니아에 있는 도시인 사라예보Sarajevo에서 한 청년의 총에 맞아 숨졌어요. 이 사건이 발단이 되어 전쟁이 일어났는데요, 여러 나라들이 끼어들면서 유럽 전체가 전쟁에 휘말렸습니다. 프랑스, 러시아, 영국이 이룬 '삼국협상' 진영과 오스트리아-헝가리, 독일, 이탈리아가 맺은 '삼국동맹' 세력이 서로 맞붙었지요. 여기에 다른 나라들까지 제각각 가세하면서 유럽이 둘로 갈라진 거예요.

곧이어 오스만 제국이 삼국동맹 쪽에 힘을 보태면서 이 전쟁은 중동을 비롯한 아시아로도 확산됐습니다. 특히 여러 강한 나라, 즉 열강은 아시아와 아프리카 곳곳의 식민지에서 군인들을 끌어모았기 때문에 전쟁은 전 세계에 영향을 미쳤어요. 4년 간 이어진 전쟁에서 군인 약 850만 명, 민간인 약 1300만 명이 목숨을 잃었습니다. 이 어마어마한 전쟁을 가리켜 제1차 세계대전이라 불러요.

유럽에서 시작해 세계로 번진 이 전쟁에 당시 국력이 몹시 커진 미국이 가세했어요. 미국은 삼국협상 편에 섰습니다. 1918년, 마침내 독일 황제가 물러나면서 휴전협정에 서명하며 전쟁은 끝났습니다. 이미 그 전에 러시아에서는 1917년에 혁명이 일어나 차르(황제) 정부가 무너지고 사회주의공화국이 창설됐으며 새 정부가 전쟁을 중단한 터였지요.

사라예보 사건이 도화선이 되긴 했지만, 그 배경에는 유럽 열강들의 치열한 경쟁이 깔려 있었습니다. 무기산업과 군사기술이 발전한 까닭에 전쟁의 파괴력은 몹시 컸고 그 피해는 어마어마했어요. 전쟁에 지치고 왕정에 반발한 사람들은 여기저기서 혁명과 봉기를 일으켰어요. 오스트리아-헝가리 제국, 독일 제국, 오스만 제국, 러시아 제국은 결국 멸망했고 그 지역에는 새로운 공화국들이 들어섰습니다.

🔍 #사라예보 #삼국협상 #삼국동맹 #돌로_나뉜_유럽 #혁명과_봉기 #휴전협정

대공황
검은 화요일의 저주

유럽이 1차 대전으로 피폐해진 사이, 미국은 세계 최강국으로 부상했어요. 그러다 1930년대에 이르러 경제에 격변이 일어나요. 1929년 10월 29일, 주식시장이 폭락하면서 변화가 시작되었습니다. 그 날이 화요일이었기 때문에 '검은 화요일'이라고 불러요. '주가가 떨어진다' '경제가 나쁘다'는 소문이 주가를 더 떨어뜨렸습니다. 이에 기업들이 줄줄이 무너지고 사람들이 해고되면서 경제가 더 나빠지는 악순환이 벌어졌지요. 미국 경제가 흔들리면서 세계 경제도 뒤따라 어려워졌어요. 1929~1932년 사이에 전 세계의 생산(GDP)이 15% 정도 줄어든 것으로 학자들은 추산합니다.

　사람들은 돈벌이가 줄었고, 정부는 세금이 줄었고, 국가 간에는 무역이 줄었죠. 가장 큰 문제는 일자리였어요. 사람은 먹고살아야 하는데 일자리가 없으면 개인과 가정은 물론이고 국가 전체가 흔들리잖아요. 물가가 떨어지는 '디플레이션'이 나타났지만 지갑이 텅 빈 사람들은 물건값이 싸졌다 해도 돈이 없어 살 수가 없었어요. 기업들이 줄줄이 망하고, 다시 일자리는 줄어들었지요. 심지어 당시 미국에는 가뭄까지 겹쳐서 농촌마저 황폐해졌어요.

이 엄청난 경제난, 즉 '대공황'이 왜 일어났는지는 아직도 의견이 분분합니다. 공장설비가 이미 충분히 많다고 본 투자자들이 투자를 줄이는 바람에 경제가 돌아가지 않았다고 보는 학자들도 있고, 돈이 너무 적게 돌고 있는데 금융당국이 시중에 있는 돈의 양(통화량)을 늘릴 시기를 놓쳐서 그렇게 됐다고 보는 이들도 있습니다.

그래서 미국의 프랭클린 D 루즈벨트Franklin D. Roosevelt 대통령은 일자리를 만들기 위해서 전국에 도로와 댐을 짓는 등 공공사업을 추진했어요. 정부가 나서서 생활 기반을 마련하며 인프라를 형성하는 사업을 하고 돈을 풀어 고용된 사람들에게 임금을 주고, 세금으로 복지를 늘려 먹고살기 힘든 사람들을 도와준 거예요. 일단 돈이 있어야 사람들이 나가서 쓰고, 그래야 다시 물건이 팔리고 경제가 돌아가잖아요. 그렇게 정부가 세금으로 경제를 다시 키운 셈인 거죠. '뉴딜New Deal'이라는 이름이 붙은 이 정책은 성공적이었고, 미국과 세계 경제는 1930년대 후반에 이르자 다시 살아나기 시작했습니다.

Q #디플레이션 #루즈벨트 #뉴딜정책 #검은_화요일 #대공황은_왜_일어났을까

제2차 세계대전
아시아도 피할 수 없었던 전쟁

1차 대전에서 이긴 나라들은 1919년 프랑스 파리에서 회의를 열어 독일 등 패전국들에게 배상금을 부과했습니다. 이 회의는 '파리강화회의'로 알려져 있어요. 전쟁에서 진 국가들에게 돈을 물어내라니요, 너무 가혹하다고 여긴 독일에서는 불만이 커졌죠. 아돌프 히틀러Adolf Hitler 독일 총통은 내부의 불만을 밖으로 돌려, 1939년 9월에 이웃 폴란드를 침공했어요. 그러자 영국과 프랑스가 독일에 선전포고했습니다. 그렇게 제2차 세계대전이 시작됐어요. 이 전쟁에서 세계는 미국, 영국, 프랑스 등이 주축을 이룬 연합국과 독일 편에 선 추축국이라는 두 개의 진영으로 나뉘었습니다. 아시아에서는 일본이 군사력을 키우고 식민지 쟁탈에 나선 데 이어 1937년 중국을 침공해요. 1941년에 일본은 태평양의 진주만에 있는 미국 함대를 공격했고, 아시아도 전쟁에 휘말리게 됐지요. 이 때문에 아시아에서 벌어진 2차 대전의 전쟁들을 '태평양 전쟁'이라 부르기도 합니다.

전쟁에 휘말린 나라들은 30개국이 넘었고 동원된 병사들은 1억 명이 넘었습니다. 사회주의 공화국을 세운 소련, 아직 혼란이 이어지고 있던 중국도 미국과 연합국 편에 섰지요. 1차 대전 때보다 무기 기술은 더욱 발전한 상태였으며 2차 대전에서는 전투기 중심의 공격이 벌어졌지요. 그만큼 사망자도 많았어요. 2차 대전으로 숨진 사람이 7000만~8500만 명에 이른다고 해요.

전쟁은 연합국 진영의 승리로 나아갔어요. 수도 베를린이 함락되자 히틀러는 스스로 목숨을 끊었고, 독일은 1945년 8월 항복했습니다. 버티고 있던 일본은 미군이 히로시마와 나가사키에 핵무기를 투하하자 어마어마한 피해를 입고 항복했습니다. 미국, 소련, 영국, 프랑스는 독일을 서독과 동독으로 갈라버렸어요. 일본은 미국이 점령했고요. 이 나라들은 연합군 혹은 미군이 통치하는 군정軍政의 지배를 받다가 새 정부를 세웠지요. 전쟁에 이긴 강대국들은 체면을 세웠지만 이미 힘은 많이 약해진 상태였습니다. 2차 대전 후, 아시아와 아프리카의 여러 식민지들은 독립했어요. 유럽이 약해진 뒤 미국과 소련은 세계의 양대 축이 됐고, 그 뒤로 유럽 국가들이나 일본은 전쟁으로 피폐해진 경제를 살리는 데에 주력합니다.

Q　#파리강화회의 #연합국과_추축국 #태평양전쟁 #베를린_함락 #히로시마 #나가사키 #핵투하

홀로코스트
유대인이라는 게 죄인가요?

2차 대전을 일으킨 독일 총통 아돌프 히틀러는 유대인에 몹시 심한 반감을 가진 사람이었어요. 그 이유에 대해서는 의견이 분분합니다. 유럽 곳곳에 흩어져 살던 유대인들은 이전에도 오랫동안 차별과 핍박을 받아왔어요. 중세에도 정치적으로 불안정할 때면 유대인들이 애꿎은 미움의 대상이 되어 박해받곤 했지요. 히틀러 역시 그런 오래된 적대감정에 기대어 자신의 불만을, 나아가서는 독일 민족 전체의 적대감을 유대인들에게 표출했다고 봐야겠지요.

히틀러가 이끈 나치Nazi당 정권은 극단적인 인종주의를 내세웠습니다. '아리안족'인 자신들은 우월하고 다른 민족은 열등하다고 보았어요. 그중에서도 특히 유대인들을 가장 열등해서 없애버려야 할 민족이라고 규정한 거예요. 그런 논리로 1941년부터 독일이 패전한 1945년까지 유대인들의 집과 재산을 빼앗고 대량

#유대인 #나치 #아우슈비츠_비르케나우_수용소 #반인도적_범죄 #학살 #빌리브란트

POLAND KRAKÓW
Auschwitz

학살을 저질렀어요. 강제수용소를 만들어 약 600만 명의 유대인들을 조직적으로 살해했습니다. 이 유대인 대학살을 홀로코스트Holocaust라고 불러요. 현재의 폴란드에 있었던 아우슈비츠-비르케나우Auschwitz Birkenau 수용소는 학살이 저질러졌던 가장 큰 시설이었습니다. 지금 그 시설은 홀로코스트 추모관이 됐지요. 당시 수용소에서는 유대인과 떠돌이 민족인 집시 등을 가둬놓고 강제노동을 시켰어요. 심지어 살아 있는 사람들을 상대로 생체실험까지 했습니다. 종국에는 가스실에 집어넣어 독가스로 살해해버렸지요.

독일 사람들은 왜 그렇게 잔혹한 짓을 했을까요? 그리고 왜 히틀러 정권의 지시를 따랐을까요? 홀로코스트는 어떻게 이러한 반인도적인 범죄가 가능했는지에 대한 의문과 함께 인간의 본성에 물음을 던졌어요. 잘 조직된 체계 안에서 고민 없이 위에서 내려진 명령을 따르면서 죄책감을 회피하는 사람들의 습성에 대한 분석들이 나왔지요.

1970년 당시 서독의 총리였던 빌리 브란트Willy Brandt는 폴란드의 유대인 위령탑 앞에 무릎을 꿇고 사죄했어요. 오랜 세월이 지났지만 여전히 독일 정부는 홀로코스트를 저지른 주범들을 찾아내 처벌하고 있답니다.

나치 독일이 만든 강제수용소에는 '노동이 그대를 자유케 하리라(ARBEIT MACHT FREI)'라는 문장이 내걸려 있었다고 합니다. 강제 노동과 학살이 행해졌던 수용소에 이 같은 문구가 걸려 있었다니 매우 아이러니합니다. 아우슈비츠-비르케나우 수용소는 세계유산으로 지정되어 있습니다. 부정적인 역사이지만, 인간 존엄성이 지켜지지 않을 때 행해지는 비극을 경고하고 아프지만 잊지 말자는 취지에서 1979년 세계유산으로 등재됐습니다. 세계유산에 관하여는 뒤에서 더 알아볼게요.

유엔UN
세계평화를 위해
머리를 맞대요

1차 대전이 끝나고, 승전국들은 잔혹한 전쟁을 막기 위한 국제체제를 만들어야 한다고 생각했어요. 그래서 1920년 국제연맹League of Nations 을 설립했습니다. 하지만 이 기구는 실질적으로 무언가를 집행할 힘이 없었어요. 그래서 2차 대전 뒤에 새로 만든 것이 국제연합, 유엔United Nations 입니다.

1945년 6월 유엔헌장이 채택됐고 10월에 발효됐어요. 유엔은 출범 이후로 국제평화와 안보를 유지하고, 인권을 보호하며, 재난을 당한 사람들에게 인도적인 지원을 해왔답니다. 본부는 미국 뉴욕에 있지만 본부 건물이 있는 곳은 미국 영토가 아니라 '국제 영토'예요. 처음 출발할 때에는 회원국이 51개였는데 지금은 190개 나라가 넘어요. 세계 모든 나라들이 거의 다 들어가 있는 셈이죠. 그러나 팔레스타인은 이스라엘과 미국 때문에 회원국이 아닌 참관국에 머물고 있고 대만도 회원국이 아니랍니다. 남한과 북한은 1991년에 함께 가입했어요.

유엔은 총회, 안전보장이사회, 경제사회이사회, 국제사법재판소, 사무국 등으로 구성됩니다. 또 유엔 산하에는 세계은행그룹Worldbank Group, 세계식량계획World Food Programme, 유엔아동기금UNICEF 같은 조직들이 있지요.

서로 적대하는 나라들도 유엔에서는 한데 모여 머리를 맞대요. 또 유엔은 회원국이 낸 돈으로 어려운 이들에게 식량이나 약품을 지원하고 핍박 속에 보호가 필요한 사람들을 돕지요. 그러나 무력을 사용하는 등 안전과 연결된 중요한 일들을 승인하는 안전보장이사회에서는 미국, 중국, 러시아, 프랑스, 영국 5개 나라가 '상임이사국' 자리를 차지하고 있어요. 이들은 다른 이사국들이 다수결로 결정한 것까지 거부해서 하지 못하게 만드는 권한을 갖고 있죠. 이 때문에 평등과 평화와 인권의 원칙을 지켜야 할 유엔이 '힘의 논리'에 따라 좌우된다는 비판이 나와요. 유엔 조직이 너무 커져서 운영하는 데에 불필요한 돈이 들어가고, 정작 필요할 때에 발 빠르게 움직이지 못한다는 지적도 있고요. 하지만 그렇다 해도 유엔은 여러 나라들에 행동 기준을 제시하고 세계의 취약한 사람들을 지키는 데에 가장 중요한 역할을 하는 조직이랍니다.

🔍 #국제연맹 #인권보호 #남북한동시가입 #안전보장이사회_상임이사국 #국제평화와_힘의_논리

전범재판

전쟁범죄자들을
법정에 세우다!

두 차례의 세계대전 이후, 전쟁 자체를 지구상에서 완전히 없애
지는 못하더라도 전쟁을 덜 잔혹하게 만들기 위한 국제적인 노력
이 벌어졌어요. 전쟁포로를 처형하거나 학대하지 못하게 하고 민
간시설과 문화재를 부수지 못하게 하고 화학무기나 생물학무기
를 못 쓰게 한 것 등이 그런 조치들입니다.

정규군끼리 전투를 하는 게 아니라 민간인들을 대규모로 해
치는 전쟁범죄 즉 '반인도주의 범죄'를 처벌하기 위한 재판도 열
렸어요. 2차 대전 이전에도 유럽에 전쟁범죄에 관한 법이 있기는
했지만 주로 다른 나라에 손실을 끼친 특정 국가의 책임에만 치
중했대요. 그래서 한 나라 혹은 여러 나라에서 조직적으로 벌어
진 대량 학살을 처벌할 국제법이 필요했던 거예요. 1945년 8월
'국제군사재판소 런던헌장'에 '반인도주의 범죄'라는 새로운 법
적 범주가 만들어졌습니다.

독일 뉘른베르크Nürnberg에서는 그런 바탕으로 국제군사재판

International Military Tribunal이 열렸고 미국, 소련, 영국, 프랑스 법관들이 독일의 전쟁범죄자들을 재판했지요. 이 재판은 홀로코스트 같은 심각한 반인도 범죄보다는 독일 때문에 다른 나라들이 입은 피해를 부각시킨 법정이라는 한계가 있었습니다. 그러나 국제사회가 대량 학살의 책임을 물을 틀을 만들고 국제법에 따라 심판하기 시작했다는 점에서 큰 의미가 있죠.

아시아의 패전국인 일본은 극동국제군사재판International Military Tribunal for the Far East에 회부되었습니다. 1946년 도쿄에서 열린 이 재판은 일본을 점령한 미국이 패전한 일본을 처벌하는 형식이었습니다. 한국이나 중국처럼 일본 제국주의에 짓밟혔던 주된 피해 당사국들은 발언권이 전혀 없었죠. 그래서 일본인 중에는 이 재판을 두고 '이긴 자의 심판'이었다고 여기는 이들이 많아요. 전쟁의 책임자 중 하나였던 기시 노부스케 같은 사람은 순식간에 전쟁범죄자가 아닌 국가 지도자로 변신했고요. 일본은 스스로 전쟁을 성찰하지도, 잘못된 행위를 반성하지도 않았습니다. 그렇게 일본은 새 출발을 하지 못했고, 이는 과거사를 대하는 일본의 태도를 일그러지게 만든 원인이 됐답니다.

20세기 후반에는 동유럽이나 아프리카 등의 반인도 범죄를 처벌하는 법정들이 만들어졌는데, 이 문제는 뒤에서 살펴볼게요.

Q   #전쟁범죄 #반인도주의범죄 #뉘른베르크_국제군사재판 #대량_학살 #극동국제군사재판

쿠바혁명

왜 돈 많은 놈들이 정치를 독차지하지? 독재자 바티스타를 몰아내자!

19세기, 독일의 칼 마르크스Karl Marx와 프리드리히 엥겔스Friedrich Engels는 노동자들이 주인이 되는 사회주의 사상을 제시했습니다. 산업혁명으로 노동자들이 생산의 주역이 되었지만 정작 정치권력은 돈 가진 자본가들이 독차지하고 있는 현실에 반대하고 나선 거예요. '마르크스주의'라고도 불리는 이런 사상을 받아들인 사람들은 1917년 러시아에서 혁명을 일으켜 사회주의 공화국들의 연방인 소련(소비에트연방)을 만들었습니다. 그리고 그 사상이 아시아나 중남미 같은 지역들로도 널리 퍼져나갔어요.

　섬나라 쿠바는 미국 남쪽에 있습니다. 20세기 중반, 쿠바는 풀헨시오 바티스타Fulgencio Batista y Zaldívar라는 독재자가 집권하고 있었어요. 쿠데타로 정권을 잡은 바티스타는 언론과 의회를 통제하고 젊은이들의 반대운동을 억압했어요. 법대를 나와 변호사로 일하던 피델 카스트로Fidel Castro는 동지들을 모아 무기를 들고 무장투쟁에 나섰어요. 1953년부터 1958년까지 이어진 격렬한 싸움

끝에 바티스타 정권은 쫓겨났고, 카스트로 진영이 만든 쿠바공산당이 권력을 잡았어요. 이를 쿠바혁명이라고 불러요. 혁명에 성공한 쿠바공산당은 1960년대 이후 마르크스주의에 바탕을 둔 사회주의 개혁 정책을 실시했습니다. 중요한 산업들을 국가가 운영하도록 하는 '국유화'도 그중 하나였죠.

사회주의를 극렬하게 반대한 미국은 카스트로를 몰아내기 위해 군대를 들여보내거나 쿠바인들을 들쑤셔 반정부 투쟁을 벌이게 했어요. 카스트로를 암살하려는 시도도 여러 번 했지만 모두 실패했죠. 쿠바는 미국의 압력으로 인해 국제적으로 고립됐습니다. 특히 자신들을 도와주던 소련이 1980년대 말 무너진 뒤에는 경제가 더욱 어려워졌어요. 그러나 전 국민을 위한 의료정책을 비롯해 성공적이었다고 평가 받은 정책들도 많았습니다. 또, 아프리카나 중남미 등지의 좌파 운동에도 큰 영향을 미쳤어요.

2016년 3월, 미국 버락 오바마Barack Obama 대통령이 쿠바 수도 아바나를 방문하면서 이들의 사이가 조금 풀어지기는 했습니다. 그러나 여전히 미국과 쿠바는 적대적인 관계랍니다. 카스트로는 같은 해인 2016년 11월 숨을 거뒀어요. 쿠바는 아직도 공산당이 집권한 몇 안 되는 나라 중 하나로 남아 있지요.

🔍 #마르크스주의 #엥겔스 #사회주의 #바티스타 #카스트로 #쿠바공산당 #국유화

베트남전
독립투쟁으로 시작해
열강의 대리전으로

베트남은 1885년부터 프랑스에 점령돼 가혹한 식민통치를 받았어요. 20세기 중반 라틴아메리카(중남미)에서 미국이 사회주의 쿠바와 싸우고 있을 때, 아시아에서는 베트남이 독립을 위해 프랑스와 맞서고 있었습니다. 베트남은 남북으로 갈라졌고 북쪽에는 공산당 정권이 들어선 반면 남쪽은 친프랑스 세력이 집권하고 있었어요. 저항에 부딪힌 프랑스 세력은 물러났지만 이번에는 미국이 남베트남을 지원하면서 북베트남을 공격했어요. 베트남의 통킹만에서 미군이 먼저 공격을 받았다면서 전쟁에 뛰어든 거예요.

당시 미국은 베트남이 공산화하면 주변 다른 나라들도 줄줄이 공산국가가 될 것이라고 생각했어요. 독립투쟁으로 시작된 전쟁은 베트남이 위치한 인도차이나반도의 라오스 같은 다른 나라들의 공산주의 투쟁과 맞물리면서 점점 전쟁의 범위가 넓어졌어요. 1950년 북한이 남한을 침공하면서 시작된 한국전쟁은 미국과 소련 양대 진영이 맞붙은 국제전이 되었습니다. 베트남전쟁도 마찬가지로 공산진영과 자본주의 진영의 거대한 싸움이 됐어요. 한국은 미국 편에 서서 베트남에 군대를 보냈답니다.

베트남 공산당은 격렬하게 저항했어요. 미국은 근 20년 동안 270만 명이 넘는 군인들을 보내고도 결국 이기지 못했죠. 베트남은 남북이 통일되면서 공산국가로 합쳐졌습니다.

이 전쟁으로 미군 약 6만 명이, 베트남군은 남북을 합쳐서 120만 명 이상이 목숨을 잃었어요. 세계 각국은 물론 미국 안에서도 전쟁에 반대하는 반전평화운동이 거세게 일어났습니다. 미국이 전쟁의 명분으로 삼았던 통킹만 공격이 있었지요? 미국이 이를 조작했다는 사실이 드러나면서 반전 여론은 더욱 거세졌습니다. 기나긴 전쟁 끝에 1972년, 미군 대다수는 철수했지만 미국의 국제적 위신은 크게 떨어졌어요.

베트남은 1980년대 '도이모이(개혁)' 정책을 실시하면서 경제 발전에 주력합니다. 1995년 미국과 베트남은 다시 외교관계를 맺었어요. 이어 2000년에는 빌 클린턴Bill Clinton 당시 미국 대통령이 베트남을 방문했습니다. 2006년에는 응우옌 민찌엣 베트남 주석이 미국을 찾아가는 등 관계가 많이 회복됐지요. 여전히 베트남에는 곳곳에 뿌려진 지뢰를 비롯한 전쟁의 상처들이 남아 있지만요.

#식민통치 #독립투쟁으로_시작해_공산주의_투쟁으로 #미국 #반전평화운동 #도이모이_정책

냉전
핵전쟁의 공포에 떨어야 했던 세계

쿠바혁명에 대응한 미국, 베트남에서 벌인 기나긴 전쟁 그리고 한국전쟁…. 우리는 '전쟁' 하면, 치솟는 불길과 쏟아져 내리는 폭탄, 굉음과 함께 피 흘리며 쓰러지는 사람들을 먼저 떠올리죠. 하지만 서로 폭격을 주고받지 않으면서도 물밑에서 격하게 적대하는 그런 상태도 있어요. 진짜 전쟁은 아니지만 전쟁과 다름없는 냉전冷戰, cold war, 즉 차가운 전쟁이죠. 20세기 중후반 근 50년 동안 미국을 중심으로 한 '서쪽' 진영과 소련이 주축이 된 '동쪽' 진영 사이에 벌어진 대립을 우리는 냉전이라 부릅니다.

냉전이라는 말은 1945년 10월 영국 작가 조지 오웰George Orwell이 신문 칼럼에서 처음 썼다고 해요. 당시 미국은 일본에 핵폭탄을 투하해 2차 대전을 승리로 이끈 뒤였고, 곧이어 소련도 핵무기를 만드는 데에 성공했지요. 2차 대전에서 연합군으로 함께 싸웠던 두 나라가 자본주의와 공산주의 진영을 각기 이끌며 차가운 전쟁에 들어가자 세계는 핵전쟁의 공포에 떨어야 했습니다. 1962년 쿠바에서 미국과 소련이 핵전쟁 일보직전까지 간 적도 있었어요.

미국과 소련이 직접 전쟁을 하지는 않았지만 미국은 아시아, 중동, 아프리카, 중남미에 위치한 여러 나라에서 군사쿠데타 세력을 비롯한 우익들이 정권을 잡도록 밀어줬습니다. 소련은 곳곳에서 일어나는 공산주의 혁명에 돈과 무기를 대줬죠. 2차 대전 이후 세계 대부분의 식민지 국가들이 독립을 하면서 주로 이런 신생국가들이 냉전의 무대가 됐어요.

미국은 소련을 견제하기 위해 북대서양조약기구, 즉 나토NATO라는 군사동맹을 만들었습니다. 소련은 나토에 맞서고자 바르샤바조약기구를 만들어 동유럽의 공산국가들을 한데 모았어요. 미국과 소련은 핵무기를 많이 만들기 위해 경쟁했을 뿐만 아니라 심리전이나 스파이 활동도 했습니다. 심지어 올림픽 같은 스포츠에서도 경쟁을 했지요.

무의미한 싸움에 돈과 에너지를 낭비한 두 진영은 1970년대부터 조금씩 고삐를 풀기 시작해요. '데탕트Détente(긴장완화)'라 불리는 화해의 시기가 온 거예요. 1989년에 소련은 경제발전에 밀려 여러 나라로 갈라지면서 냉전은 끝났습니다. 냉전은 종식됐지만 미-소의 대리전이 벌어졌던 나라들에는 여전히 정치적, 경제적, 사회 적으로 나쁜 영향의 흔적이 남아 있습니다.

Q   #핵전쟁_직전까지 #북대서양조약기구_대_바르샤바조약기구 #냉전의_무대가_된_신생국가들

아폴로11호
지구를 넘어 우주에 내딛은
첫 발자국

"여기는 고요한 바다."

　1969년 7월 20일, 미 항공우주국NASA에 통신 메시지가 왔습니다. 달로부터 온 통신이었어요. 달에 도착한 아폴로11호 우주선에서 메시지를 보낸 거예요. 그날 미국인 우주비행사 닐 암스트롱Neil Armstrong이 달에 첫 발을 디뎠습니다. 존 F. 케네디John Fitzgerald Kennedy 미국 대통령이 "1960년대 말까지 달에 사람을 보내겠다"고 선언한 것이 1961년이었죠. 그로부터 10년도 되지 않아 이뤄낸 것입니다. 미국과 소련은 냉전 기간에 서로들 무기를 쟁여두는 '군비 경쟁'을 벌였고, 그 무대는 지구를 넘어 우주로까지 확대됐습니다. 비록 군비 경쟁이 만들어낸 이벤트였다고는 해도 달 착륙은 인류의 지평을 넓힌 역사적인 사건이었습니다.

　암스트롱은 착륙 뒤 6시간 반 만에 우주선에서 나와 달 표면을 밟았습니다. 그리고 나서 "한 사람에게는 작은 한 걸음이지만 인류에는 위대한 도약"이라는 유명한 말을 남겼어요.

지구 밖으로 나가려는 인류의 꿈은 근대과학이 발달하면서 점점 커져갔지요. 꿈을 현실로 만들려는 노력은 냉전이 시작되면서 본격화했어요. 세계 첫 인공위성은 소련에서 쏘아 올렸습니다. 1957년에 소련이 스푸트니크Спутник, Sputnik라는 이름의 인공위성을 발사하며 미국에 충격을 안겼어요. 그 후 두 나라의 우주 경쟁은 달을 향했어요. 미국이 아폴로11호로 한 걸음 앞서나가기 시작했죠. 경쟁은 치열했습니다. 1970년대 중반까지 미국과 소련은 유인, 무인 탐사선을 총 65차례나 달에 착륙시킬 정도였으니까요. 하지만 유인 탐사선을 개발하고 우주로 보내기 위해서는 돈이 많이 들고 위험하기도 해서 결국 1976년 소련의 루나Lunar 24호를 끝으로 중단됐습니다.

물론 냉전이 끝난 뒤에도 기술경쟁은 계속됐습니다. 그래도 두 나라는 국제우주정거장ISS을 함께 만들고 운영하는 등 협력했어요. 그러다가 2000년대 이후 유럽, 중국, 일본, 인도 등이 우주 과학기술에 눈을 돌리면서 다시 국제적인 경쟁에 불이 붙었습니다. 달에 이어 화성으로 가는 탐사선들이 줄을 이었어요. 2020년 7월에는 석유 부국인 중동의 아랍에미리트연합UAE과 미국, 중국이 줄줄이 화성으로 탐사선을 발사했답니다. 근래에는 민간 기업들도 우주개발에 뛰어들고 있지요.

Q #고요한_바다 #미국 #나사 #닐암스트롱 #소련 #스푸트니크 #우주경쟁 #유인탐사선 #우주개발

비키니
태평양 산호섬을 뒤덮은 버섯구름

냉전 시절, 군비 경쟁 중에서 인류를 가장 크게 위협한 것은 핵무기 경쟁이었습니다. 인류 역사상 첫 번째 핵 실험이 실시된 때는 2차 대전이 막바지로 치닫던 1945년 7월 16일이었습니다. 맨해튼 프로젝트Manhattan Project라는 이름으로 핵폭탄을 개발해온 미국은 뉴멕시코의 사막에서 폭발 실험을 한 뒤 일본에 핵폭탄을 투하했지요. 소련은 1949년 8월 최초의 핵무기인 RDS-1을 개발하면서 뒤를 따랐고요.

대기 중에서 핵폭탄을 터뜨리면 어떻게 될까요? 실제 전쟁이 아닌 '실험'이라고 해도 엄청난 피해를 입지요. 방사능 물질이 공기로 퍼져나가기 때문에 주변에 사는 사람들에게까지 영향을 미치는 거예요. 핵폭탄 개발에 앞장섰던 미국 과학자 로버트 오펜하이머J. Robert Oppenheimer 같은 이들마저 "핵무기 경쟁은 너무나도 비윤리적이다!"라고 하면서 반핵 운동에 나섰어요.

그러나 1950년대와 1960년대 내내 미국과 소련은 핵 경쟁을 계속했어요. 특히 미국이 태평양의 비키니Bikini라는 산호섬에서 했던 핵 실험은 어마어마한 대기 오염을 불러왔습니다. 미국은 핵폭발을 실험해보고 싶어서 비키니섬 사람들을 강제로 다른 섬으로 이주시켰죠. 그러나 핵 실험 결과 주변 섬들도 오염된 것은 마찬가지였고, 주민들은 삶터에서 쫓겨나 고통받았습니다.

프랑스, 중국, 인도, 파키스탄, 남아프리카공화국, 이스라엘 등이 핵폭탄 개발에 줄줄이 가세하면서 핵 경쟁은 더욱 심해졌어요. 냉전이 끝난 뒤인 1996년에야 핵 실험을 금지하는 조약이 만들어졌지만 그 전까지 비키니 같은 외딴 지역이나 옛 식민지에 살던 사람들은 강대국들이 벌인 핵 실험에 희생되어야 했지요. 핵 실험의 피해로 질병을 앓게 된 사람들은 강대국들에 보상을 요구했습니다. 그러나 푼돈만 받거나 아예 보상조차 받지 못한 이들이 많아요. 러시아나 중국에서는 아예 핵 실험과 관련된 일들이 비밀에 부쳐져 피해를 얘기하기도 힘들고요.

참, 위아래로 나뉜 여성 수영복을 비키니라고 부르는 것은 왜일까요? 1940년대 프랑스 디자이너가 미국의 비키니 핵 실험이 너무나 인상적이어서 이런 수영복을 선보였답니다. 이름도 비키니 산호섬의 이름을 따다 붙였고요. 비키니의 비극을 생각하면 씁쓸한 일이죠.

#핵무기_경쟁 #군비_경쟁 #맨해튼_프로젝트 #핵폭탄 #핵_실험 #오펜하이머 #산호섬의_비극

029

중국 공산당
중국의 집권당이자 유일한 정당

100년 전 중국은 지금과는 아주 달랐습니다. 1911년 청나라를 무너뜨린 신해혁명辛亥革命이 일어난 뒤 중국 역사상 최초의 공화국인 중화민국이 세워졌지요. 하지만 일본을 비롯한 열강의 침략 속에 혼란이 거듭됐고, 1921년 혁명가 천두슈陳獨秀와 리다자오李大釗가 소련 공산당의 도움을 받아 중국 공산당을 창당했어요. 공산당과 중화민국의 주축인 국민당 사이에 '국공내전'이라 불린 전쟁이 벌어졌습니다. 승자는 공산당이었고, 국민당은 남쪽 섬으로 쫓겨나 오늘날의 대만을 세웠지요. 중국 본토에서는 1949년 10월 1일 '중화인민공화국'이 수립됐고요.

공산당은 중국의 집권당이자 유일한 정당입니다. 중국은 마르크스주의의 '민주적 권력 집중'이라는 원칙에 따라 정당이 여럿 있는 '다당제'가 아닌 '일당 체제'를 유지하고 있거든요.

공산당을 이끌고 국공내전에서 승리를 거둔 마오쩌둥毛澤東은 국가지도자인 공산당 중앙위원회 주석을 지냈고, 1976년 사망할 때까지 강력한 권한을 휘둘렀어요.

중국 공산당의 최고기관은 5년마다 열리는 전국인민대표대회(전인대)라는 기구예요. 이는 일종의 의회 같은 것으로, 정치 노선과 경제정책 등을 놓고 토론과 물밑 경쟁이 이루어집니다. 하지만 여러 정당들이 선거에서 유권자의 표를 얻으려 경쟁하는 다른 나라들과는 아주 다르죠. 명목상으로는 전인대가 최종 결정권을 가진 의결기관이지만 실제로 권력과 책임을 갖고 있는 것은 공산당 정치국과 거기에 속한 상무위원회랍니다. 정치국 상무위원회라는 '당 지도부'에서 거의 모든 것을 결정하지요. 공산당 당원은 거의 1억 명에 이르고, 정규군인 인민해방군도 공산당의 통제를 받아요.

그중에서도 핵심은 '국가주석'이라는 칭호로 불리는 지도자랍니다. 마오쩌둥에 이어 덩샤오핑鄧小平, 장쩌민江澤民, 후진타오胡錦濤 등의 시대를 거쳐 2013년 3월부터는 시진핑習近平 국가주석이 집권하고 있어요. 덩샤오핑 이후로 10년마다 지도자가 교체됐는데, 시진핑 주석이 권력을 쥔 뒤로는 지도자의 임기를 없앴어요. 그래서 지금은 사실상 임기 제한 없이 집권할 수 있는 체제로 가고 있습니다.

🔍 #신해혁명 #국공내전 #중화인민공화국 #일당_체제 #마오쩌둥 #전인대 #시진핑

제3세계
이제는 동서 갈등보다 남북 격차

냉전 시절 소련을 중심으로 한 사회주의 진영은 '동쪽', 미국을 비롯한 자본주의 진영은 '서쪽'이라 불렀다고 앞에서 얘기했죠. '동서 진영'이라는 말 외에 양측을 가리키는 말이 더 있었어요. 미국과 유럽 등 자본주의가 발전한 나라들은 '제1세계', 소련 등 사회주의(공산주의) 국가들은 '제2세계'라 했죠. 그럼 '제3세계'는 어디일까요? 세계 질서에서 별로 힘을 발휘하기 힘들었던 저개발 국이나 개발도상국들을 제3세계라고 지칭했어요. 프랑스의 인구학자이자 역사가였던 알프레드 소비Alfred Sauvy가 1952년 제3세계라는 용어를 만든 것으로 알려져 있습니다.

제3세계는 과거 열강들의 식민지배를 받았던 나라들이 대부분이었어요. 식민통치에서 벗어나 독립 국가가 됐지만 여전히 국제무대에서는 강대국들에게 밀리고, 경제적으로도 발전이 더뎠죠. 착취당한 시절이 길고 정치적으로, 사회적으로도 개발되지 않아 빈곤에서 헤어나기 힘든 나라들이 많았고요. 제1세계에 속하는 부자 나라들이 세계 경제의 중심이라고 한다면, 제3세계 국가들은 그 부자 나라에 종속된 채로 부자 나라에서 필요로 하는 원자재를 공급하고 상품을 수입해 쓰는 '주변부'가 된 것이라고 분석한 이들도 있었죠.

냉전이 끝난 뒤로 1세계, 2세계, 3세계를 구분하는 것은 의미가 없어졌습니다. 그러나 개발된 나라와 덜 개발된 나라 사이의 구분선은 사라지지 않았어요. 오늘날에는 부자 나라들을 '글로벌 노스Global North', 경제적으로 뒤처진 나라들을 '글로벌 사우스Global South'라고 부르기도 해요. 부국들은 대체로 위도가 높은 북쪽에 있고 가난한 나라들은 남쪽 더운 지역에 많이 있어서 이런 표현이 생긴 거예요. 냉전 시절의 '동서 갈등'보다 어쩌면 지금의 '남북 격차', 즉 부자 나라들과 빈국들의 경제적인 차이가 더 큰 문제인 것 같습니다. 유엔에서는 어느 나라든지 총회에서 똑같이 한 표씩을 행사하지만 주요 7개국G7, 주요 20개국G20 등에 참여하며 '주요 국가'로 인정받는 나라들이 국제무대에서 더 큰 목소리를 내고 있기도 하고요.

Q #동서_진영이_아닌_세계 #알프레드_소비 #중심부와_주변부 #남북_격차 #부국과_빈국

반둥 회의
제3세계 지도자들 여기 모여라!

1955년 4월 인도네시아 반둥Bandung이라는 도시에 각국에서 온 지도자들이 모였습니다. 주인 격인 인도네시아의 수카르노Sukarno 대통령, 인도의 자와할랄 네루Jawaharlal Nehru, 지금은 여러 나라로 갈라진 동유럽 유고슬라비아연방의 요시프 티토Josip Broz Tito, 이집트의 가말 압델 나세르Gamal Abdel Nasser, 서아프리카 가나에서 온 크와메 은크루마Kwame Nkrumah 그리고 중국의 저우언라이周恩来 총리. 모두들 그 나라의 대통령이나 총리 혹은 독립과 건국을 이끈 인물들이었습니다. 이런 쟁쟁한 지도자들이 한 곳에 모인 것만으로도 '역사적인 사건'이었죠.

미국 편이냐, 소련 편이냐. 냉전 시절의 세계질서는 둘 중 하나를 골라 줄서기를 강요했습니다. 한국, 일본, 서유럽 국가들처럼 미국 편에 선 나라들도 있었고 동유럽이나 쿠바 혹은 북한처

#인도네시아_반둥 #반둥선언 #평등과_협력 #비동맹그룹 #남남협력 #브릭스

럼 소련을 따르는 나라들도 있었지요. 와중에 "우리는 우리의 길을 걷겠어!"라면서 거부한 나라들도 있었습니다. '어느 한 쪽을 선택하는 게 아니라 우리의 필요에 따라서 정하겠다, 그러려면 우리들끼리 더 가깝게 지내야 한다'라며 제3세계에서도 덩치가 크고 자신들의 지역을 대표한다고 할 수 있는 나라들이 이런 생각을 가지고 한데 모인 거예요.

반둥 회의에 참석한 25개국 지도자들은 인종·민족·국가 간의 평등과 협력을 담은 10개 항목의 '반둥 선언'을 발표했습니다. 미국과 소련이 주도하는 동맹을 거부했다고 해서 이 나라들에는 '비동맹그룹'이라는 이름이 붙었어요. 냉전이 끝나면서 비동맹그룹의 의미는 퇴색했지만 이들의 협력은 계속됩니다. '북쪽'의 잘사는 나라들이 도와주기를 기다리는 것이 아니라 '남쪽'의 덜 개발된 나라들끼리 협력하는 '남-남 협력'은 여전히 이어지고 있지요. 신흥 경제대국인 브라질(B), 소련이 무너진 뒤 세력이 약해지긴 했으나 여전히 드넓은 영토와 자원을 가진 러시아(R), 인도(I)와 중국(C), 남아프리카공화국(S)을 '브릭스BRICS'라고 부르는데, 이들끼리의 협력도 눈에 띄고요. 그사이 경제대국이 된 중국은 한층 큰 영향력을 가지고 아프리카와 아시아의 개발도상국들을 묶으려 하고 있습니다.

브릭스에는 브라질, 러시아, 인도, 중국, 남아프리카공화국 등 신흥 경제 5개국이 참여하고 있죠. 2002년 최초로 조약을 맺은데 이어 2010년 남아프리카공화국이 5번째로 합류했어요. 이 다섯 국가의 인구가 세계 인구의 40%를 넘고 세계 국내 총생산(GDP)의 24%, 세계 무역의 16%를 차지하고 있습니다. 2022년 5월 중국은 브릭스를 확대하자는 제안을 내놓은 상태입니다.

032

유럽연합 EU
국경은 있지만 하나로 묶인 유럽

2차 대전 이후로 미국 편에 서서 자본주의 경제와 선거를 통한 민주주의 정치체제를 확립한 서유럽 국가들이 있었습니다. 서유럽 국가의 경제는 급속도로 성장했어요. 미국은 전쟁 후 '마셜 플랜 Marshall Plan'이라는 이름으로 서유럽 국가들에 원조를 퍼부어 발전을 도왔습니다.

서유럽 국가들은 또다시 대규모 전쟁이 일어나지 않기를 바랐어요. 전쟁을 막으려면 독일(당시의 서독)을 끌어안아 군사적인 야심을 억누르고, 유럽이 하나로 합쳐져야 한다고 생각했지요.

1957년, 벨기에, 프랑스, 이탈리아, 룩셈부르크, 네덜란드, 서독은 유럽경제공동체European Economic Community, EEC를 만들었습니다. 유럽경제공동체 안에서는 수출입을 할 때에 국가 간에 매기는 관세도 없애기로 합의했어요. 1970년대에는 덴마크, 아일랜드, 영국 등이 가입했고 유럽 전체 유권자들이 뽑는 '유럽의회'도 만들어졌지요. 1980년대에 '솅겐 협정Schengen Agreement'을 만들어서 회원국 주민들은 비자 없이도 국경을 넘나들 수 있게 했습니다.

1993년, 이들은 '유럽연합European Union'이라는 지역 공동체가 됐어요. 국가마다 입장이 조금씩 다르긴 하지만 경제를 넘어 외교나 사회에서도 공동의 정책을 만들고 법적인 기준을 어느 정도 통일하고 한 목소리를 내게 된 거죠. 전쟁의 참화를 기억하는 유럽연합은 무엇보다도 평화와 민주주의, 인권 측면에서 어느 나라보다 높은 기준을 가지고 있어요. 사형을 없애고, 개인의 자유를 중시하며, 미국처럼 무조건 '시장' 즉 기업들에 맡기는 것이 아니라 정부가 개입해서 시민들의 복지와 권리를 보장해주는 쪽으로 나아갔습니다.

냉전이 끝나 소련의 억압에서 풀려난 국가들이 줄줄이 유럽연합에 가입하면서 유럽연합은 동유럽으로도 확대됐고요. 2002년에는 '유로euro'라는 공동의 화폐도 탄생했어요. 유럽연합의 19개 회원국들은 저마다의 통화를 없애고 유로를 씁니다. 이들을 '유로존eurozone'이라고 불러요. 2020년 기준으로 유럽연합에는 27개 국가가 가입해 있고 면적은 423만km²에 인구가 4억5000만 명에 이릅니다. 경제적으로는 세계 경제의 20% 가까이를 차지하고 있지요.

#마셜_플랜 #서유럽_국가_원조 #하나의_유럽 #유럽경제공동체 #유럽의회 #솅겐협정 #유로존

033

녹색혁명
대지에 심은 기술의 씨앗

기원전 1만 년 무렵, 인류는 농경 기술을 터득해 정착지를 만들고 살아가기 시작했대요. 이를 '신석기 혁명' 혹은 '농업혁명'이라고 불러요. 그 후 인류는 계속해서 더 많은 농작물을 수확해 더 많은 사람들을 먹여 살리는 기술을 개발해왔지요.

17~19세기에는 산업혁명의 주역인 영국을 중심으로 '2차 농업혁명'이 일어났어요. 20세기에 들어와서는 비료나 농기계 등 농업과 관련된 기술이 폭발적으로 발전했지요. 특히 1950년대 후반부터 1960년대 후반까지 세계 여러 지역에서 농업 생산량이 어마어마하게 늘어났습니다. 이를 녹색혁명Green Revolution 또는 '3차 농업혁명'이라고 부른답니다. 과거 농업은 사람의 몸으로 직접, 혹은 동물의 힘을 빌리는 수준으로 이루어졌는데요. 그러다 이 시기가 되면서 '돈'이 가장 중요한 발전의 동력이 돼요. 공장뿐 아니라 농업에도 자본이 투입되기 시작한 것이죠. 예를 들면 물을 관리하기 위한 대규모 공사가 늘고 화학비료와 농약이 보급되

고, 트랙터나 콤바인 같은 농기계 사용이 늘면서 농업이 기계화
한 것 등을 말합니다.

또 같은 쌀이나 밀을 심더라도 수확량이 많은 종자를 심으면
더 많은 곡식을 거둘 수 있죠. 미국의 농학자인 노먼 볼로그Norman
Borlaug는 병충해에 강하고 수확도 많은 밀의 변종을 만들어 세계
곳곳에 소개하고 재배법을 가르쳤습니다. 그 공로로 1970년 노벨
평화상을 받았어요.

녹색혁명이 빈곤 국가로도 확산되면서 수백만 명이 굶주림
에서 벗어나게 됐습니다. 전보다 좁은 땅에 재배해도 수확량이
늘어나니 자연스레 농업에 쓰이는 땅이 줄어들었죠. 그 땅은 다
른 산업에 유용하게 쓰일 수 있게 됐습니다. 영양실조로 죽는 아
이들이 줄면서 유아사망률이 감소했고요. 기계가 도입되고 나니
농사를 짓는 데에 일손이 예전만큼 많이 필요하지 않게 되자 도
시로 가는 사람들이 많아졌습니다. 무엇보다 인구가 늘었어요.
1950년대 초반 25억 명이었던 세계 인구는 20세기 말 60억 명에
이르렀고, 지금은 80억 명을 바라봅니다. 18세기 말에 영국의 경
제학자 토머스 맬서스Thomas Malthus는 "인구가 계속 늘어나면 식
량 부족으로 기아와 전쟁이 일어날 것"이라고 했지만, 과학기술
의 발달은 맬서스의 우울한 예측이 어긋났음을 보여줬습니다.

Q #신석기혁명 #농업혁명 #유아사망률_감소 #노먼_볼로그 #노벨평화상 #인구_증가

문화대혁명
선동과 숙청, 파괴로 남은 역사

중국 공산당은 왕조 시절의 신분제를 뒤집고 부패한 국민당 정부
와 싸워 전국을 장악했지요. 공산당 지도자였던 마오쩌둥은 현대
적인 국가체제를 만들고 경제발전의 토대를 닦았지만 중국 사회
와 정치에 엄청난 상처 또한 남겼습니다.

　공산당은 농민들과 가난한 노동자들의 지지를 얻어 집권했
지만 옛 지식인들이나 과거 부유층 출신이던 사람들이 아직 남아
있었죠. 그러자 공산당은 1966년 '문화대혁명'이라는 이름의 '사
상 정화 운동'을 시작해요. 자본주의에 솔깃해 저 혼자 돈 벌려는
'반동분자', 유교 이데올로기와 미신으로 돌아가려는 사람들을
교육시켜 '올바른 공산주의자'로 만들겠다는 것이었어요. 하지만
그 배경에는 마오쩌둥의 권력 욕심과 공산당 내부의 권력다툼도
있었지요.

　1950년대 말부터 1960년대 초까지 마오쩌둥은 '대약진大躍進
운동'으로 생산을 크게 늘리려고 했어요. 농촌에 집단농장을 만

들고, 농업뿐 아니라 철강 생산도 농촌 지역들에 맡겼죠. 드넓은 중국의 농촌들은 제각각 사정이 다른데 현실을 무시한 정책을 펼쳤으니, 생산이 늘기는커녕 재앙이 닥쳤어요. 흉년이 들어 대기근이 왔고 2500만 명이 굶어 죽었대요.

　당연히 마오쩌둥을 향한 불만이 높아졌겠죠. 그 불만을 다른 곳으로 돌리려고 문화대혁명을 시작했다고 보는 이들이 많아요. 돈이나 공장 기계처럼 생산에 필요한 수단이 없는 무산無産 계급, 즉 '프롤레타리아트'가 권력을 가져야 한다며 사람들을 선동해 폭력으로 몰아간 거죠. 그러나 시간이 흐르면서 공산당 지도부마저 통제할 수 없는 상황으로 치달았어요. '홍위병'이라 불리던 젊은이들이 전국 곳곳에서 지식인들을 '반동'으로 몰아 모욕을 주고 처벌하고 심지어 처형하기까지 했어요. 공산당 안에서도 반동으로 몰린 사람들은 처벌을 받거나 쫓겨나는 '숙청'을 당했고요. 역사적인 유적이나 문화유산마저 '전前근대적인 것'으로 치부해 파괴했습니다. 그런 어마어마한 혼란이 10년 동안 이어졌답니다. 지금은 중국 공산당도 문화대혁명이 과오였음을 스스로 인정하고 있어요.

Q　#사상_정화_운동 #반동분자 #대약진_운동 #무산계급 #프롤레타리아트 #홍위병 #전근대_숙청

군사 쿠데타

국민이 선택한 아옌데 정부,
탱크에 짓밟히다

"민중은 스스로를 지켜야 합니다. 칠레 만세! 민중 만세! 노동자 만세!"

남미 대륙 서쪽, 태평양과 맞닿은 길게 이어진 나라 칠레. 1973년 칠레에서 쿠데타가 일어났어요. 세계 최초로 혁명이 아닌 선거를 통해 정권을 잡은 사회주의 정당의 대통령이었던 살바도르 아옌데Salvador Guillermo Allende Gossens 정부. 이 아옌데 정부를 무너뜨리고 아우구스토 피노체트Augusto José Ramón Pinochet Ugarte라는 군인이 무력으로 정권을 빼앗은 거예요. 당시 미국은 구리를 비롯한 광물을 가진 칠레가 미국 등 외국 기업가들이 갖고 있던 산업을 국유화하는 것을 싫어했습니다. 또 사회주의가 남미의 다른 나라들로 전파되는 것을 막기 위해서 피노체트의 쿠데타를 지원했죠. 위에 인용한 말은 군인들의 탱크에 포위된 아옌데가 대통

#칠레_민중_노동자_만세 #아옌데_대통령 #피노체트 #군사독재 #더러운_전쟁 #인권_탄압

령궁에서 라디오를 통해 칠레 국민들에게 했던 마지막 연설이랍니다.

　사회를 더 낫게 변혁하기 위해 시민들이 들고 일어나 정권 혹은 정치체제를 바꾸는 것을 '혁명'이라 부릅니다. 군대 등 무력을 동원해 정권을 무너뜨리고 권력을 빼앗는 것은 '쿠데타'라 불러요. 남미나 아시아, 아프리카 등 세계 여러 곳에서 군인들이 시민들의 선거로 뽑힌 정부를 뒤집어엎는 쿠데타들이 많이 일어났는데, 이를 '군사 쿠데타'라 합니다. 한국도 1960년대부터 1990년대 초반까지 쿠데타 세력이 집권했었죠. 이런 일은 특히 냉전 시절에 많이 일어났어요. 사회주의를 막는 것에만 집중한 미국은 쿠데타를 돕거나 쿠데타로 집권한 군사독재정권을 지원해주곤 했습니다. 칠레가 딱 그런 경우였어요.

피노체트는 합법적인 정부를 무력으로 몰아낸 뒤에 자신에 반대하는 지식인들과 대학생 등을 가두고 고문하고 살해했어요. 아르헨티나를 비롯해 남미 국가들에서 군사독재정권이 저지른 이러한 탄압을 '더러운 전쟁'이라 부릅니다. 엄청난 인권 탄압과 불법행위가 저질러졌지요. 국민의 것이어야 할 자원이나 산업을 외국 기업들에 내줬고요. 남미는 가톨릭 신자가 많은데, 엘살바도르 같은 나라에서는 군사독재정권을 비판한 가톨릭 성직자들이 살해되기도 했습니다.

아르헨티나의 군부 독재정권이 '더러운 전쟁'이라 불리는 각종 탄압을 저지르며 인권을 유린할 당시 피해자들의 어머니들은 '5월 광장 어머니회'를 만들어 독재정권에 저항했습니다. 군사독재에 저항하다 사라진 자식들의 생사를 확인하려는 어머니들의 모임이죠. 이들은 1977년부터 매주 목요일 머리에 흰 천을 두르고 사라진 3만 명의 행방을 확인하고 진실을 규명해야 한다고 요구하고 있습니다.

오일쇼크
갑자기 석유가 끊기면
어떻게 될까?

우리가 '중동'이라 부르는 지역은 아시아 대륙 복판의 이란에서 부터 서쪽의 지중해에 잇닿은 시리아, 레바논 같은 나라들로 이어진 지역을 가리켜요. 그중에는 아랍어를 쓰는 아랍민족이 주로 많이 사는 나라들도 있고, 이란이나 터키처럼 아랍민족이 아닌 다른 민족이 사는 나라들도 있어요. 그런가 하면 이집트는 아프리카 대륙 북쪽에 있지만 아랍계가 많이 살아서 '아랍국'으로 분류되지요.

1973년 이집트, 시리아가 주축이 된 아랍연합군이 이스라엘과 전쟁을 했어요. 미국, 영국, 캐나다 등의 나라들은 이스라엘 편을 들었죠.

세계 경제에 꼭 필요한 석유를 많이 가지고 있고 생산과 수출을 주도하는 나라들이 모여서 만든 석유수출국기구OPEC라는 단체가 있어요. 석유수출국기구 회원국들은 이스라엘의 편을 들었던 나라들에게 석유를 더는 팔지 않겠다고 선언했어요. '석유 위기'가 시작된 거예요. 미국이나 유럽국가들뿐 아니라 한국도 중동 석유에 많이 의존했는데, 갑자기 석유 수입이 확 줄어들거나 석유가 끊기니 경제에 엄청난 충격이 왔어요. 그래서 '석유파동' '오일쇼크'라고 부르기도 합니다. 1년 남짓한 사이에 세계 시장에서 석유 값은 3배로 뛰었고 각국의 경제가 흔들렸어요. 경제에 꼭 필요한 자원을 쥐고 있는 나라들이 그 자원을 정치적인 무기로 삼을 수 있다는 것. 오일쇼크를 통해 세계는 이 사실을 깨달았어요.

자원을 수입해오는 나라를 여러 군데로 늘려서 어느 한 나라에 휘둘리지 않도록 하는 '수입 다변화'가 각국의 새로운 경제적인 과제로 떠올랐죠. 미국은 만일에 대비한다며 '전략비축유'라는 이름으로 석유를 쟁여두기 시작했어요. 미국은 자신들의 땅에서 유전을 개발하고, 모자라는 것은 중남미에서 많이 수입하면서 중동 석유에 대한 의존을 줄였죠. 중동 석유를 많이 사다 쓰던 유럽에서는 '북해 유전'이 개발돼 스스로 에너지를 많이 충당하게 됐어요. 그 결과, 한동안 위세를 떨쳤던 아랍 산유국들의 위상은 결과적으로 오히려 떨어졌다고 평가하는 이들이 많아요. 세계 석유 가격은 1980년대부터 떨어지다가 2000년대에 미국이 이라크를 침공하면서 훌쩍 뛰었고, 그 뒤로는 안정된 상태가 이어지고 있어요.

#중동 #석유수출기구 #갑자기_석유가_끊기면 #석유파동 #전략비축유 #석유_쟁이기 #북해_유전

037

이란혁명

미국 편이었던 이란왕국이
반미 이슬람 공화국으로

중동의 대국 이란은 면적이 한국의 16배인 165만km²에 이르는 큰 나라예요. 한때는 페르시아 제국이라 불렸고 그 후에는 아랍 그리고 몽골의 지배를 받기도 했죠.

1920년대에 이란에는 파흘라비Pahlavi 왕조가 들어섰어요. 이 왕조는 이란을 현대화한 나라로 바꾸기 위해 서구식 교육체제를 도입하고 이슬람 세력을 억압했어요. 미국과 긴밀한 관계를 유지하면서, 서방 기업을 몰아내려던 개혁파 총리를 쫓아내기도 했죠. 현대화라는 명분을 들어 반대세력과 언론을 심하게 탄압하고 사람들을 옥죄었어요. 왕정은 부패해갔고, 왕실의 영광을 과시하려는 사업에 예산을 낭비하면서 경제가 점점 어려워졌습니다. 시민들의 반발이 심해지자 탄압 역시 갈수록 심해졌지요.

이슬람은 크게 수니Sunni와 시아Shia 라는 두 종파로 나뉘어요. 주변 아랍국들은 대부분 수니파이지만 이란은 아랍국가도 아니고 종교적으로도 국민 대다수가 시아파예요. 왕정에 반대하는 사람들 중에는 좌파 공산당도 있고 지식인들도 있었지만, 종교 진영의 힘이 가장 강했어요. 혁명 지도자 루홀라 호메이니Ruhollah Khomeini는 이슬람 세력을 이끌었지요. 이 세력은 1979년에 이슬람 혁명으로 왕정을 무너뜨리고 공화국을 세웠어요.

혁명 세력은 부패한 왕정을 밀어준 미국에 반대했습니다. 수도 테헤란에 있는 미국 대사관을 점령하고 인질을 붙잡기까지 했죠. 혁명 이전까지 중동에서 미국 편이었던 이란 왕국. 이란은 이제 미국과 미국과 적대하게 된 거예요.

미국은 1980년대 이라크를 부추겨 이란과 전쟁을 치르게 했어요. 세계 각국이 이란의 석유를 수입하지 못하고, 무역도 하지 못하게 경제 제재를 가했지요. 2000년대 이후로는 이란이 핵무기를 개발하려 한다며 또다시 제재하고 있고요. 그래서 이란은 아직도 국제무대에서 고립된 처지입니다. 그래도 이란에는 석유와 천연가스 같은 에너지 자원이 워낙 많아서 중국이나 유럽국들은 이란과 거래하고 싶어 해요. 그래서 핵무기를 못 만들게 하는 대신 제재를 풀어주는 협상이 오랫동안 진행되고 있습니다. 미국은 이란이 독재국가라고 주장합니다. 그러나 이란은 다른 아랍 왕정 국가들과 달리 민주주의가 제한된 상황에서도 4년마다 선거를 치러 국민들이 대통령을 뽑는 나라랍니다.

Q #파흘라비_왕조 #수니파 #시아파 #호메이니 #미국_대사관_인질_사건 #경제_제재

038

덩샤오핑
중국 경제의 설계자,
현대 중국을 만든 키 작은 거인

덩샤오핑鄧平. 이름에 작을 '소小'자가 들어가지요. 키도 작았대요. 하지만 그는 현대 중국을 이야기하는 데에 빼놓을 수 없는 '거인'이랍니다.

덩샤오핑은 청나라 시절 쓰촨성에서 태어났어요. 1920년대에 프랑스 유학 이후 돌아와 공산당에 들어갔습니다. 다시 모스크바에서 마르크스주의를 공부하고 귀국해 국공내전에서 공산당이 승리하는 데에 중요한 역할을 했지요. 그러다 마오쩌둥 시절에 벌어진 문화대혁명 기간에 덩샤오핑 역시 '우파'로 몰려서 밀려났어요. 마오쩌둥이 숨지고 2년 뒤인 1978년, 그는 중국의 지도자가 됐습니다. 대약진운동과 문화대혁명을 거치면서 중국이 몹시 피폐해져 있을 무렵이었죠. 덩샤오핑은 자본주의 시장경제의 요소들을 조금씩 중국에 도입했어요. 광동성의 선전深圳을 '경제특구'로 지정해 경제개발에 시동을 건 거예요.

1979년에는 미국과 '역사적인 수교'를 해요. 중국과 갈등을 빚던 공산주의의 맏형 소련이 방향을 틀어 미국과 관계를 개선하기로 한 거죠. 1980년 8월, 중국 최고지도자로는 처음으로 덩샤오핑이 미국을 방문했어요. 외국 투자와 기술이 중국에 유입됐고 중국은 막대한 노동력을 가진 '세계의 공장'이 됐죠. 지금 중국이 미국에 버금가는 경제대국이 된 데에는 덩샤오핑이 추진한 개혁과 개방 정책의 덕이 커요. 그래서 그를 '중국 경제의 설계자'라고 부르곤 합니다.

인구 폭발을 막기 위해 '한 자녀 정책'을 펼친 그는 의무교육을 늘리기도 하였습니다. 또, 서방 식민지로 남아 있던 홍콩과 마카오를 중국에 환수해 '일국양제' 즉 '한 국가에 있지만 두 제도를 인정하는 시스템'을 만들었어요. 사회주의 이념을 지지하면서도 시장경제를 결합시킨 덩샤오핑의 이념. 사람들은 이를 '중국 특색을 가진 사회주의'라 부릅니다. 시장경제가 스며들면서 공산당은 변해갔어요. 노동자들을 위한 혁명정당의 색은 점차 약해졌고, 부패가 생겨났죠. 특권층과 서민들의 격차는 커졌어요. 게다가 1989년 자유와 민주주의를 요구한 시민들을 무참하게 진압한 사건이 벌어집니다. 베이징의 톈안먼天安門 광장에 모인 사람들을 탱크와 총탄으로 진압한 거예요. 지금도 중국에서는 '톈안먼 사태'를 입 밖에 내는 것이 금지되어 있습니다.

피플파워

필리핀 민중이 노란 옷을 입고
거리로 나선 이유는?

세계 여러 나라의 군사독재정권들은 1980년대 이후 차츰차츰 무너졌고 민주화가 진행됐습니다. 냉전 시절, 우익 군사정권들은 미국 편에 서기만 해도 버틸 수 있었지만 예전처럼 미국의 든든한 지원을 기대하기 힘들어졌기 때문이죠. 또, 세계 경제가 발전하면서 각국에 중산층이 늘어나고 민주주의를 요구하는 시민들의 목소리가 커진 이유도 있었죠.

당시 필리핀은 페르디난드 마르코스Ferdinand Emmanuel Edralin Marcos라는 대통령이 20년 넘게 집권하고 있었어요. 16세기부터 스페인의 식민 통치를 받은 필리핀은 스페인과 전쟁해서 이긴 미국에 점령되기도 했었죠. 외국 세력에 협력한 몇몇 가문이 전국토의 상당한 부분을 장악하고 있었기 때문에 경제적 갈등이 심했어요. 1965년 집권한 마르코스는 자기 가족들에게 권력을 나눠주고 극심한 부패를 저질렀어요.

마르코스 정권에 반대한 베니뇨 니노이 아키노Benigno "Ninoy"

Aquino, Jr.라는 정치인이 있었어요. 1983년에 망명했다가 돌아오는 길, 그는 마르코스 정권의 지시를 받은 것으로 보이는 괴한에게 공항에서 총탄에 맞아 숨졌습니다. 이 장면은 전 세계에 방송되어 사람들에게 큰 충격을 안겼어요. 민주주의를 향한 열망은 거세져갔고, 니노이의 부인인 코라손 아키노Maria Corazon Cojuangco Aquino가 남편을 대신해 시위의 구심점이 됐습니다. 1986년 대선에서 마르코스는 부정을 저질러가며 다시 당선됐지만 시민들의 격렬한 항의는 시민혁명으로 번져갔어요. 마르코스는 결국 사퇴하고 필리핀을 떠났죠. 그렇게 코라손의 민주정부가 출범했습니다.

민중의 힘을 보여줬다는 의미에서 이 혁명을 '피플파워People Power'라 불러요. 코라손의 상징색인 노란 옷을 입고 거리로 나선 시민들의 용기는 아시아 다른 나라들에서도 민주화 운동이 일어나는 데에 큰 영향을 줬지요. 1987년에 일어났던 한국의 '6월 항쟁'에도 영향을 미쳤고요. 그러나 안타깝게도 몇몇 가문이 토지를 차지하고 정치에도 힘을 행사하는 필리핀의 경제구조는 바뀌지 않았어요. 피플파워 이후 40년 가까이 지났지만 여전히 마르코스의 가족들은 정치인으로 활동하고 있고, 가문을 등에 업은 '족벌정치'가 남아 있답니다.

Q   #마르코스 #스페인_식민통치 #베니뇨_니노이_아키노 #피플파워 #족벌정치

연대노조
폴란드 민주화의 발판을 마련한 레흐 바웬사

사회주의는 세계를 더 평등하고 더 잘사는 곳으로 만들기 위한 거대한 도전이자 실험이었습니다. 그러나 모든 권력을 공산당이라는 한 정당이 독점하는 정치체제는 시민들이 다양한 목소리를 내지 못하도록 억압했습니다. 모든 산업 활동을 국가가 장악해 운영하는 계획경제에도 한계가 많았죠. 소련과 동유럽 공산국가들은 자본주의 국가들에 비해 뒤처지기 시작했고, '노동자들의 정당'이라 주장해온 공산당이 노동자들의 요구를 무시하고 억압하는 상황이 초래되었습니다. 앞서 미국이 우익 군사독재정권들을 도왔다고 했죠? 소련도 마찬가지였어요. 체코, 헝가리 같은 동유럽 국가들에서 시민들의 반발이 일어나면 탱크를 보내 무력으로 진압하면서 현지 공산정권을 지원했어요.

이런 억압에 맞서서 1980년 폴란드의 그단스크Gdańsk라는 도시에 있는 '레닌조선소'에 노동조합이 만들어졌어요. 이 노조는 '연대Solidarność'라는 이름을 내걸고 폴란드 민주화 운동의 중심이

됩니다. 레흐 바웬사Lech Wałęsa가 지휘하는 연대노조의 힘은 그단스크를 넘어 전국으로 확대됐어요. 1981년에는 조합원이 1000만명에 이르렀죠. 당시 폴란드 노동자의 3분의 1이 가입한 거예요. 폴란드 정부는 이 노조를 공산당과 분리된 '공산권 최초의 독립노조'로 인정하는 수밖에 없었죠.

사회주의는 종교를 부정합니다. 폴란드는 가톨릭 신자가 많은 나라였고 당시의 가톨릭 교황 요한 바오로 2세John Paul II도 폴란드 출신이었답니다. 공산주의에 반대하는 가톨릭의 지원 속에 민주화를 외치는 폴란드 사람들의 목소리는 점점 커져갔어요. 서방도 연대노조를 도왔습니다. 1983년, 바웬사는 노벨평화상을 받았어요. 폴란드 공산정권은 그와 연대노조를 더는 무시할 수 없었지요. 공산당은 법조차 무시하고 시민들을 통제할 수 있도록 '계엄령'을 선포해 연대노조를 탄압하려고 했지만 그런 시도는 실패로 돌아갔어요. 소련마저 무너져가는 상황이 되자 정부는 연대노조를 비롯한 반공산당 진영과 협상에 들어갔고, 1989년 양측의 합의로 총선이 실시됐습니다. 1990년 12월 바웬사는 민주화된 폴란드의 첫 대통령에 선출됐습니다.

Q #노동자_억압 #그단스크 #레닌조선소 #연대 #공산권_최초_독립_노조 #폴란드_민주화

페레스트로이카
소련에도 개혁이 필요해

냉전 시기, 소련의 지도자는 공산당 서기장이었어요. 중국에 마오쩌둥이 있었듯이 소련에는 이오시프 스탈린Joseph Vissarionovich Stalin이라는 지도자가 있었죠. 스탈린과 그 뒤를 이은 공산당 지도자들은 권력을 독차지하기 위해 시민들의 입을 막았습니다. 공산당 체제에 반대하는 사람들을 수용소에 집어넣어 강제노동을 시켰고, 수많은 이들이 목숨을 잃었어요.

소련은 우주탐사선을 발사하고 핵무기도 만드는 나라였습니다. 하지만 과학기술의 발전과는 달리 소련의 계획경제는 점점 재앙이 됐어요. 의료와 교육 수준을 높이는 성과도 있었지만 정작 사람들이 필요로 하는 생필품은 충분히 만들어내지 못하는 낙후한 나라가 된 거예요. 게다가 다른 공산국가들을 지원하느라 돈을 퍼부어야 했고요.

미국을 상대로 '체제 경쟁'을 하다가 밀려나갈 상황이 되자, 소련 안에서도 개혁이 필요하다고 말하는 이들이 늘어났어요.

1985년 공산당 서기장이 된 미하일 고르바초프Mikhail Gorbachev는 경제와 정치를 자유화하고, '철의 장벽'이라 불렸던 소련의 폐쇄적인 시스템을 고치기 시작했습니다.

1986년, 지금의 우크라이나에 있는 체르노빌Chernobyl 핵 발전소에서 어마어마한 폭발사고가 일어났어요. 그 사건은 소련이 당시 얼마나 뒤떨어져 있었는지를 보여줬죠. 고르바초프는 '페레스트로이카Perestroika' 즉 '재건'이라 불리는 개혁과 개방 정책을 시작했어요. 아웅다웅했던 중국을 방문하고 서방에 화해의 메시지를 보냈어요. 고르바초프는 정치체제를 고쳐서 1990년에는 소련의 첫 '대통령'이 됐습니다.

고르바초프는 공산주의의 단점을 고쳐서 더 나은 체제로 만들고자 했던 사람이었어요. 하지만 시민들의 요구는 그보다 훨씬 앞서 있었죠. 정치적인 자유를 맛보게 된 사람들은 더는 소련이라는 틀에 묶여 있기를 원치 않았어요. 소련만 믿고 버티던 동유럽 공산정권들이 하나둘 무너지더니, 러시아를 중심으로 하여 여러 공화국이 연합했던 소련 전체가 흔들리기 시작했습니다. 소련 안에 있던 공화국들도 떨어져 나가 독립했어요. 1991년, 소련은 마침내 해체되어 러시아 중심의 연방과 독립국들로 갈라졌지요.

Q   #스탈린 #체제제경쟁 #고르바초프 #개혁과_개방정책 #러시아_연방과_독립국들

넬슨 만델라
흑인을 분리하고
탄압하는 정책을 몰아내자!

우리가 흔히 '남아공'이라고 부르는 남아프리카공화국은 아프리카 남쪽 끝에 위치해 있어요. 그 면적은 122만km²에 이르고 인구는 6000만 명이 넘는데 그중 80%는 흑인이고 나머지는 백인과 아시아계 혼혈 등으로 구성됩니다. 여러 부족들이 살아서 언어도 10여 개나 된대요.

17세기에 네덜란드계 이민자들이 이 땅에 오면서부터 식민 통치가 시작됐습니다. 그 후 영국의 지배를 거쳐 1931년 독립했어요. 그사이 백인들이 인구 대다수인 흑인을 지배하는 구조가 수백 년 동안 이어졌습니다.

남아프리카공화국에는 다이아몬드를 비롯한 광물 자원이 많아요. 백인들은 흑인들을 저임금 노동자로 부리면서 국가의 부를 독점했죠. 흑인들에 대한 차별은 점점 심해졌어요. 흑인들은 교

Q #남아프리카공화국 #아파르트헤이트 #아프리카민족회의 #투옥된_인권과_평화 #노벨평화상

육도 제대로 받지 못하고 착취당했어요. 심지어 흑인 거주 지역을 따로 만들어서 가난 속에 내팽개쳐두고 이에 저항하면 가두고 고문했습니다. 특히 1940년대 이후로는 극심한 탄압정책을 펼쳤어요. 이를 '아파르트헤이트apartheid' 즉 분리 정책이라 부릅니다.

흑인들은 아프리카민족회의African National Congress라는 정치조직을 만들어 저항했어요. 이 조직을 이끌던 흑인 지도자 넬슨 만델라Nelson Rolihlahla Mandela는 1962년부터 무려 28년 동안을 감옥에 갇혀 있었습니다. 처음에 미국과 유럽 국가들은 백인 정권을 밀어줬어요. 하지만 세계 각국의 시민들이 나서서 만델라를 석방하고 흑인 차별을 철폐하라고 외치기 시작했습니다. 남아프리카공화국 기업들이 만든 제품을 거부하는 불매운동도 일어났고요. 국제사회가 이러한 흐름을 받아들여서 백인 정권을 지지하는 나라와의 무역을 끊거나 줄였습니다. 백인 정권은 궁지에 몰리자 결국 1990년 만델라를 풀어주고 자유선거를 받아들여요. 세계 시민의 힘이 한 나라를 짓눌렀던 억압을 끝내고 인권과 평등을 진전시킬 수 있음을 보여준 사건이었습니다.

만델라는 아파르트헤이트를 끝낸 백인 지도자와 함께 노벨 평화상을 받았고 1994년 민주화한 남아프리카공화국의 첫 대통령이 됐습니다. 집권 뒤에 흑인 차별을 없애고 백인 정권의 범죄를 조사하면서도, 과거의 적들을 용서하고 화해를 추구했지요. 만델라는 인권과 평화의 상징이었고 세계 전체에 큰 영향을 미쳤어요. 2013년 만델라가 타계했을 때, 세계인이 그를 기렸습니다.

만델라 대통령은 한국에 두 번 방문했습니다. 특히 김대중 전 대통령은 1995년 영문으로 출간된 만델라의 자서전 <만델라 자서전, 자유를 향한 머나먼 길>을 번역했고요, 노벨평화상 수상이라는 공통점을 지니고 있죠. 2001년 방한 당시 만델라 대통령은 자신을 '레인보우 네이션(Rainbow nation)' 출신이라고 소개했는데, 다양한 인종과 문화가 무지개처럼 공존하는 국가를 소망한 그의 마음이 잘 나타난 표현 같습니다.

유고내전
인종을 청소한다고?
다시 떠오른 홀로코스트의 악몽

2차 대전 이후, 동유럽에는 '유고슬라비아 사회주의 연방공화국 Socialist Federal Republic of Yugoslavia'이 세워졌어요. 유고 연방은 소련 같은 공산국가였어요. 보스니아-헤르체고비나, 크로아티아, 마케도니아, 몬테네그로, 세르비아, 슬로베니아의 6개 공화국이 연방을 이뤘습니다. 유고연방을 이끈 요시프 티토는 소련을 추종하기보다는 독자적으로 목소리를 내려고 했어요. 그리고 연방 안에 있는 여러 민족을 하나로 묶는 정책을 펼쳤죠.

하지만 소련이 무너지고 나서 동유럽 전체가 격변을 겪게 됩니다. 1980년 티토가 숨진 뒤, 어렵사리 하나로 묶여 있던 연방 안에서 공화국들은 서로들 독립을 주장합니다. 경제가 무너지고 실업이 늘어난 탓도 있었고, 사회주의라는 공통의 목표가 사라지면서 같은 민족끼리 잘 살아보자는 흐름이 커진 탓도 있었어요.

1990년에 크로아티아가 독립을 선언하자, 세르비아계가 반발하면서 전쟁이 일어나요. 그러다가 제각각 주축을 이룬 민족

중심으로 여러 공화국들이 독립하면서 연방 전체가 전쟁에 휘말립니다. 세르비아계는 특히 이슬람이 주를 이루는 보스니아를 상대로 '인종 청소' 혹은 '제노사이드'라 부르는 반인도적인 범죄를 저지릅니다. 마치 히틀러가 했던 것처럼 한 민족을 깡그리 없애겠다면서 대량 학살을을 자행한 거예요. 연방 안에서 한데 어울려 살던 사람들이 갑자기 '민족'을 기준으로 싸우고, 한 집단이 다른 집단을 너무나도 잔혹하게 학살했어요. 13만~14만 명이 이 전쟁으로 죽었답니다. 특히 무슬림 보스니아계의 피해는 너무나도 컸습니다. 여성들은 집단 성폭행을 당했고, 난민 행렬이 줄을 이뤘어요. 북대서양조약기구(나토)가 평화유지군을 보냈지만 학살을 막지는 못했습니다. 결국 미국이 폭격에 나서면서 전쟁은 잦아들었지요.

유고연방은 1992년 해체됐고 지금은 여러 나라들로 갈라졌습니다. 1990년대 후반까지 옛 유고연방 내전은 계속됐어요. 이 내전으로 유럽은 나치가 행했던 홀로코스트의 악몽을 다시 떠올렸죠. 이런 범죄가 또 저질러질 때 국제사회는 어떻게 막을 수 있을지 또다시 고민하게 됐고요. 세르비아인들만의 나라를 만들겠다며 전쟁범죄를 저지른 자들에 대해서는 국제법정을 만들어 여전히 심판하고 있습니다.

#유고슬라비아_사회주의_연방 #제노사이드 #보스니아 #세르비아 #홀로코스트의_악몽

걸프전

'세계 단일패권 미국'을 선언한
이라크 폭격

아라비아반도와 이란 사이에 좁은 바다가 있어요. 이곳을 '페르시아만灣'이라고도 하지만 아랍 쪽에서는 페르시아가 이란의 옛 이름이라 해서 그 호칭을 싫어해요. 그래서 그냥 영어로 '만'을 뜻하는 '걸프'라고 부르기도 하지요. 걸프 북쪽에 있는 이라크에서는 사담 후세인Saddam Hussein이라는 독재자가 군사 쿠데타로 정권을 잡고 1979년부터 권력을 휘둘렀어요. 반대 세력을 학살하고 자국민들을 억압하면서 사담은 '공포정치'를 펼쳤어요.

소련이 무너지고 미국과 소련을 꼭짓점으로 하는 '양극 체제'는 끝났습니다. 그리고 1990년대가 되면서 미국이 유일한 패권국가, 즉 강대국인 '일극 체제'가 만들어졌다고들 했죠. 한동안 이라크는 미국과 사이가 좋았습니다. 그러나 냉전이 끝나면서 미국에 더는 사담 같은 친미 독재자가 꼭 필요하지 않은 상황이 됐어요. 그러던 차에 1990년 이라크가 남쪽에 있는 쿠웨이트를 침공합니다. 유전을 놓고 싸운 것이었지만 그 지역에서 사우디아라비아에 맞서 영향력을 확대하고 싶었던 이라크의 야심이 깔려 있었습니다.

사우디아라비아는 미국의 강력한 우방이었고, 쿠웨이트는 사우디아라비아의 입김에 많이 휘둘리는 나라였어요. 미국은 사우디아라비아와 쿠웨이트를 대신해 이라크를 공격합니다. 여러 나라를 끌어모아 다국적군을 만들고 1991년 1월 이라크 폭격을 시작했습니다. 이 전쟁을 '걸프전'이라 부르며, 한국군도 미국 편에 가담했어요. 미국이 걸프전을 일으킨 것은 냉전이 끝나고 미국만이 유일한 '패권국가'임을 과시하기 위한 것이었다고 분석하는 사람들이 많습니다.

미국 CNN방송은 이 전쟁에서 이라크 수도 바그다드가 폭격당하는 모습을 생중계했어요. 한 수도가 무너지는 참혹한 모습을 마치 컴퓨터 게임처럼 다루기 시작한 것도 이때부터입니다. 그래서 '비디오 게임 전쟁'이라는 비판이 나오기도 했습니다. 전쟁은 막강한 군사력을 가진 미국 측의 승리로 돌아갔고, 이라크는 두 달도 못 가 손을 들었습니다. 그 후 미국은 국제사회에서 이라크를 고립시키고, 이라크가 산유국임에도 석유 수출을 하지 못하게 막는 등 경제제재를 가했지요. 이라크 사람들의 고통은 그 뒤로도 오랫동안 계속됩니다.

Q #걸프 #사담후세인 #이라크의_쿠웨이트_침공 #CNN_생중계 #비디오_게임_전쟁

글로벌화
국경을 넘어 자유롭게 교류해요

브랜드 운동화를 한 켤레 사고 싶어요. 검색해보니 미국 아마존 쇼핑몰 가격이 최저가로 뜹니다. 스마트폰으로 아마존에서 운동화를 주문했더니 며칠 만에 집으로 배송되었습니다. 운송, 통신 기술이 발달하기 전에는 상상도 못했던 일이죠. 이런 일이 가능하려면 기술 발달뿐 아니라 우리 눈에는 보이지 않는 많은 것이 필요해요. 국가들 간에 교역이 자유로워야 하고, 관세를 줄여서 외국 물품이라 해도 국산과 비교해 가격도 그리 비싸지 않아야 하죠.

이렇게 상품을 비롯해, 자본, 정보, 노동 등이 국경을 넘어 자유롭게 옮겨 다니게 되면서 생활의 범위가 국가가 아닌 전 세계로 확대되는 현상을 세계화, 글로벌화globalization라고 합니다.

1970년대부터 국가 간 관세를 없애는 경향이 두드러지기 시작했어요. 산업 생산에서 앞서 나가는 미국은 국제통화기금IMF이나 세계은행 같은 국제기구들을 앞세워 세계화를 선도했죠. 여러 나라가 시장을 열고 '자유무역'을 늘렸습니다. 그렇게 되면 한 나라에서는, 이를 테면 농업 같은 몇몇 분야에서 손해를 보더라도 외국으로 공산품 수출을 늘릴 수 있잖아요.

처음에 글로벌화는 상품이나 서비스, 금융 등 경제 분야에서 주로 쓰이는 말이었어요. 그런데 세계가 하나의 시장이 되고 국경을 넘어 거래가 이뤄지려면 여러 나라들이 지켜야 할 공통의 질서와 법, 경제의 기준들이 필요했죠. 그래서 그 규범을 다루는 국제기구의 힘이 강해졌어요. 또 세계 시장을 상대할 수 있는 거대한 규모의 기업도 늘어나기 시작했지요.

글로벌화는 경제에만 국한되지 않았어요. 영화, 음악, 미술, 언어 등 문화 분야에서도 글로벌화가 나타났습니다. 지금은 미국 할리우드에서 제작된 영화가 한국에서 가장 먼저 상영되기도 하고, BTS가 미국 빌보드차트 1위를 차지하기도 합니다. 넷플릭스처럼 미디어 콘텐츠를 제공하는 OTT서비스 플랫폼에서 한국 작품들이 주목받고 있죠. 세계 유수의 영화제에서도 우리나라 감독과 배우들이 수상을 이어가고 있습니다. 국경을 넘어 사람들이 이동하면서 이주자들이 늘어난 것도 글로벌화의 한 측면입니다.

국가 간 문화를 교류하고, 공동의 가치를 위해 협력하는 것은 굉장한 장점입니다만, 글로벌화로 부자 나라들만 더 잘 살게 되고 가난한 나라들은 점점 더 살기 어려워졌다는 문제도 있습니

🔍 #세계화 #지유무역 #국경을_넘는_돈_사람_문화 #세계시장 #글로벌화에_반대하는_이유

다. 임금이 저렴한 나라로 공장들이 옮겨가면서 사람들의 일자리
는 줄어들고 노동자들의 목소리는 약해져 빈부 격차가 더 커졌다
는 비판이 나오면서 글로벌화에 반대하는 운동이 일어나기도 했
습니다.

세계무역기구World Trade Organization, WTO는 회원국 간의 무역과 관련한 협정
을 관리하고 감독하는 기구예요. WTO는 무역 장벽을 낮춰 활발한 세계 무역을
확대하는 것을 지향하고 있죠. 이 WTO의 각료회의가 예정된 1999년 미국 시애
틀에 글로벌화에 반대하는 사람들 5만여 명이 집결해 회의장을 둘러싸고 개막식
을 지연시켰습니다. 글로벌화에 반대하는 이 운동은 대표적 반反세계화 운동으
로 이른바 '시애틀 전투'라고 불립니다. WTO에 관하여는 뒤에서 더 다뤄볼게요.

다국적 기업

국경 없는 자본,
투자의 그늘에 가려진 횡포를 드러내!

글로벌화가 계속되면서 여러 나라를 무대로 영업하는 기업들이 생겨났습니다. 여러 국가에 회사나 공장을 세우고, 생산과 판매 모두 세계 무대를 대상으로 하는 기업을 다국적 기업Multinational Corporation이라고 불러요. '세계 기업' '초국적 기업'이라는 말도 씁니다. 국경을 초월한 회사라는 뜻이죠.

예를 들어볼까요? 자동차 회사가 제품을 만들어 외국으로 수출할 뿐 아니라, 아예 해외에 공장을 만들어 그곳에서 생산을 하기도 하죠. 이렇게 생산의 규모가 커지면 생산에 드는 비용이 줄어듭니다. 본사가 있는 나라보다 임금이 저렴한 나라를 찾아 공장을 세우는 '아웃소싱outsourcing'을 하면 인건비가 줄어들어요. 임금이 낮은 나라들은 대체로 덜 발전한 나라들인데요, 이 나라들은 전에는 없던 공장이 생겨나 사람들의 소득이 늘고 외국 거대기업이 지닌 기술을 배울 수 있게 됩니다. 국제적으로 자원이 더 효율적으로 배분되는 긍정적인 효과를 기대할 수 있지요.

하지만 부정적인 면도 있습니다. 기업의 목적은 이윤 추구, 즉 돈을 버는 것이죠. 다국적 기업은 덜 개발된 나라의 노동자 권리를 무시하거나, 환경을 파괴하고 원주민들을 몰아내기도 해요. 다국적 기업들은 대체로 부자 나라를 등에 업고 있는 반면, 그들의 '투자'에 기대야 하는 나라들은 인프라와 자본력이 부족하니 끌려갈 수밖에 없을 때가 많습니다.

이런 일을 줄이기 위해 경제력이 발전한 나라들의 모임인 경제협력개발기구Organisation for Economic Co-operation and Development, OECD는 '다국적 기업 가이드라인'이라는 것을 만들었어요. 이 가이드라인에는 기업들이 경제적·사회적 발전에 기여하게 하고, 기업 활동으로 영향을 받는 사람들의 인권을 존중하게 하며, 고용을 늘리게 하는 내용을 담았어요. 강제적인 규정은 아니지만 다국적 기업이 횡포를 부리지 못하게 감시하고 법을 어기면 처벌을 요구하는 캠페인이나 시민들의 행동이 늘어나면 기업들도 눈치를 볼 수밖에 없지요.

몇 년 전부터는 다국적 기업들이 세금이 저렴한 나라들에 형식적으로 '본사'를 옮겨두고, 정작 자신들이 생산과 판매를 많이 하는 나라에서는 세금을 안 내는 것이 문제가 되었어요. 그래서 각국이 규제할 방법을 찾고 있답니다.

#초국적_기업 #아웃소싱 #지원의_효율적_배분 #경제협력개발기구 #지원파괴 #원주민_피해

아시아 금융위기
나라가 빚을 갚지 못하면
어떻게 될까?

'부도내다'라는 말 들어보셨나요? 기업은 항상 현금을 쌓아두고 있을 수 없기 때문에 일단 '나중에 지불하겠다'고 약속하고 우선 공장을 돌려요. 그러다가 약속대로 돈을 갚지 못하는 것을 '부도'라고 표현해요. 국가도 마찬가지예요. 정부가 빚을 갚지 못하면 부도가 나요. 빚이 터무니없이 늘지 않아도 이런 일이 일어날 수 있어요. 그 나라의 화폐 가치가 다른 나라 화폐, 특히 미국 달러에 비해 크게 떨어지면 갑자기 자산이 줄어든 꼴이 되는 거예요. 외국 투자자들이 줄줄이 돈을 빼내면 그 나라의 통화 가치는 더욱 떨어지고, 금융기관들은 신용이 떨어졌다며 돈을 더 빌려주지 않는 악순환이 벌어집니다.

1997년 아시아 여러 나라가 이러한 위기를 맞았어요. 그 직전까지 아시아 국가들은 엄청난 속도로 발전하고 있었기 때문에, 이미 성장이 느려진 부국들의 돈이 몰려들었어요. 그러던 중, 1990년대 중반 동남아 국가들의 수출이 줄어들 기미를 보이자 외국 자본들은 투자한 돈을 빼내기 시작했어요. 금융시장에는 산업의 발전을 돕는 건전한 투자자들뿐 아니라 환율 차이를 노려 돈을 버는 투기세력도 있어요. 태국의 '바트' 화폐 가치가 떨어진 것을 시작으로 국제 투기세력이 아시아 화폐들이 더 떨어지도록 공격했어요. 인도네시아, 대만, 말레이시아 등 아시아 증시가 폭락했고 이 나라들은 달러가 모자라 아우성을 쳤어요.

한국도 비슷했어요. 국가신용등급이 떨어지고 쟁여둔 달러가 바닥나기 시작했습니다. 1997년 12월, 한국 정부는 결국 IMF에 구제금융을 요청했어요. 국가가 쓸 돈이 부족하니 빚을 내달라고 한 거예요. 대가는 혹독했습니다. 대기업들이 줄줄이 무너지는 상황에서 IMF는 오히려 복지를 줄이고 노동자들을 더 자르도록 정부와 기업들을 압박했어요. 그래야 외국 투자자들이 들어온다면서 말이죠. 실업률이 올라가고 노숙자가 늘었어요. 그때 얼마나 힘들었으면, 지금까지도 한국 사람들은 당시의 위기를 'IMF 위기'라 부를 정도랍니다.

다른 아시아 나라들도 마찬가지였어요. 1998년 인도네시아에서는 장기집권 독재자 수하르토Haji Mohammad Soeharto 정권이 무너졌거든요. 전문가들은 금융위기의 영향이 컸다고들 말한답니다.

Q #화폐가치 #국가신용등급 #IMF_구제금융 #국가부도위기 #실업률도_늘고_노숙자도_늘고

세계무역기구 WTO

무역의 법원, 국경을 넘는 무역 다툼을 중재해요

'상품'은 국경을 넘어 거래되는데 법은 나라마다 다르죠. 그래서 생기는 다툼을 풀기 위해 세계무역기구World Trade Organization, WTO가 만들어졌어요.

2차 대전 이후인 1947년 관세를 낮추고 무역이 늘어나도록 '관세 및 무역에 관한 일반협정GATT'이 만들어졌지만 규정을 강제로 적용할 힘은 없었고 회원국도 적었습니다. 그런데 글로벌화로 세계 교역은 어마어마하게 늘었고 거래되는 물품도 많아졌죠. 공산품이나 농산물을 넘어 서비스와 콘텐츠들까지 거래되니까, 거기서 나오는 이익을 '지적재산권' 같은 이름으로 지켜줘야 할 필요도 생겼고요. 최대한 자유롭게 교역하되 기준을 만들고 분쟁을 해결할 수 있도록 1995년 각국이 모여 WTO를 만들었어요. 이 기구의 회원국들은 무역상대국들을 차별 없이 동등하게 대해야 하고, 외국인과 내국인도 똑같이 다뤄야 해요. 현재 회원국은 160개국이 넘습니다. 무역 때문에 갈등이 생기면 회원국은 다른 나라를 WTO에 '제소'합니다. 말하자면 WTO가 무역의 법원인 셈이에요.

세계화와 자유무역은 많은 이들을 더 잘살게 해주지만 거기서 소외되는 사람들도 생기게 마련입니다. 산업이 다른 나라로 넘어가 일자리를 잃기도 하고, 남의 나라 농작물이 더 싸게 들어와 시장 경쟁력에서 밀리기도 하고요. 특히 1980년대 이후 미국의 로널드 레이건Ronald Reagan 대통령과 영국의 마거릿 대처Margaret Thatcher 총리 정부를 거치며 세계에서 '신자유주의'라는 경제 이론이 위세를 떨쳤어요. 이 이론에 따라 자유무역을 최우선에 놓고 자본이 국경을 마음껏 넘나들 수 있게 했죠. 노동자들을 지켜주던 법들을 없애고, 철도나 우편통신 같은 정부 서비스들을 기업에 파는 '민영화'를 했고요. 자신들의 기업들에 유리하도록, 국제기구들을 움직여 다른 나라들에도 그런 조치들을 강요했어요. IMF가 한국에 그랬듯이요.

그래서 어떤 이들은 IMF나 WTO를 '글로벌화의 첨병'이라며 비판합니다. 1999년 미국 시애틀에서 WTO 각료 회의가 열렸을 때에는 5만 명이 모여 '시애틀 전투'라 불리는 격렬한 시위를 했죠. 글로벌화가 가져오는 부작용인 불평등을 줄이지 않으면 갈등은 계속될 거예요.

🔍 #관세_ 및_ 무역에_ 관한_ 일반_ 협정 #세계화 #무역의_ 법원 #레이건과_ 대처 #신자유주의

9·11테러
2001년 9월 11일, 미국의 심장이 관통당한 날

2001년 9월 11일, 비행기가 미국 뉴욕의 초고층 건물들을 들이받았어요. 불길과 연기가 치솟고, 건물이 무너지고, 3000명 가까운 이들이 목숨을 잃었습니다. 알카에다Al-Qaeda라는 테러조직이 저지른 공격이었습니다. 테러범들은 항공기를 납치해 쌍둥이 빌딩으로 유명했던 뉴욕의 세계무역센터 건물을 들이받게 했어요. 미국 국방부 건물도 공격했고요.

세계의 거대 종교들은 모두 생겨난 지 오래됐죠. 수천 년 된 불교부터 2000년 된 기독교, 7세기에 생겨난 이슬람 등등. 그런데 종교를 내면의 신앙으로 생각하는 게 아니라, 아예 현실의 법과 사회 체제가 종교의 규율을 따라야 한다고 믿는 이들이 있어요. 그런 사람들을 '근본주의자' 혹은 그 표현방식이 과격한지에 따라서 '극단주의자' 등으로 부릅니다.

이슬람이라는 종교는 7세기에 사우디아라비아에서 시작돼 아랍권과 아시아, 아프리카 등으로 퍼져나갔습니다. 이슬람 극단

주의자들은 정치도 사회도 문화도 1300년 전 만들어진 종교의 규율을 따라야 한다고 주장해요. 극단주의자들은 '무슬림' 즉 이슬람 신자들 중에서도 아주 소수입니다. 그러나 1990년대부터 이들이 총이나 폭탄을 들고 다른 사람들을 위협하거나 공격하는 '이슬람 극단주의 테러'가 늘어나기 시작했어요.

사실 종교를 내세웠지만 이들이 반감을 가진 것은 미국 같은 강대국이었어요. 냉전 시절만 해도 이슬람 극단주의는 '이데올로기 경쟁' 사이에서 고개를 들지 못했죠. 그런데 냉전은 끝났고, 종교 세력을 억눌러왔던 독재정권들은 흔들리기 시작했습니다. 이슬람 종교가 가장 중요하다고 믿던 사람들은 밀려오는 미국식 자본주의와 문화에 반감을 가지게 됐죠. 게다가 걸프전을 치르겠다며 이슬람의 '종주국', 즉 이슬람이 생겨난 곳인 사우디아라비아에까지 미군을 들여보냈으니 반감은 더 심해졌겠죠?

냉전 시절 미국은 소련에 맞서 싸우도록 무슬림 청년들을 부추겼고 지원해줬어요. 그런데 이제 그들이 방향을 바꿔 미국을 적으로 삼고 공격을 가합니다. 대표적인 인물이 바로 오사마 빈 라덴Osama bin Laden이라는 사람이었어요. 그는 사우디아라비아 출신으로 알카에다를 만들었죠. 오사마 빈 라덴은 파키스탄에 숨어 있다가 2011년 미군 특수부대에 사살됐습니다.

🔍 #뉴욕세계무역센터 #알카에다 #극단주의_테러 #오사마_빈_라덴 #미군특수부대

아프가니스탄 전쟁
미국의 보복 전쟁,
혼란의 세계

9·11테러 이후 미국은 '보복 전쟁'에 돌입했고, 알카에다가 저지른 짓보다 더 큰 충격으로 세계를 혼란 속으로 몰고 갔습니다. 이 이야기를 이어서 해볼게요.

　이란과 파키스탄 사이, 아시아의 내륙 국가인 아프가니스탄 (아프간)은 1979년부터 1989년까지 소련의 지배를 받았어요. 그때 소련에 저항해 싸운 아프간 사람들 중에는 마약을 팔고 무기를 사들여 세를 불린 군사조직들도 있었고, 이슬람 종교 세력도 있었습니다. 소련이 물러난 뒤, 1990년대에는 이런 조직들끼리 내전을 벌였어요. 그중 하나인 탈레반이 1996년 승리를 거둬 정권을 세웁니다. 이슬람 극단주의를 신봉하는 탈레반은 여성을 억압하고 가혹하게 인권을 탄압했죠. 세계적인 불교 유적 '바미얀 석불'을 폭파하기도 했어요.

　오사마 빈 라덴과 알카에다 지도부는 아프리카와 중동에서 미국을 노린 테러를 저지르고 미국에 쫓기다가 아프간으로 숨어들었어요. 9·11테러가 일어나자 미국은 알카에다를 숨겨준 탈레반에 보복한다며 아프간을 공격했어요. 이는 2001년 10월의 일입니다. 이 전쟁에는 한국 등 여러 나라가 참여했어요.

하지만 아프간은 굴하지 않았어요. 아프간은 100여 년 전 영국과 러시아가 서로 차지하려 다퉜음에도 끝내 식민지가 되지 않았고, 기세등등하던 소련도 쫓아낸 나라예요. 그래서 '제국의 무덤'이라는 별명까지 얻었답니다. 처음에는 미국이 승리하는 것 같았으나 전쟁은 도통 끝나지 않습니다. 새 정부를 세우고 아프간 군을 만들고도 20년이 되도록 탈레반을 없애지 못했죠. 오히려 여기저기서 탈레반 세력이 되살아났어요. 전쟁을 벌이면서 미국은 아프간에 민주주의를 심고 번영을 가져다주겠다고 했지만, 민주주의는 남의 나라 군인들이 와서 '심어줄' 수 있는 게 아니거든요. 아프간은 여전히 세계에서 가장 낙후한 나라로 남아 있습니다.

미국은 2021년 8월 미군을 철수시켰어요. 양측 전투원들과 민간인 20만 명 이상이 목숨을 잃었고 어마어마한 돈이 들어갔지만, 결국 이기지 못하고 물러난 셈이 됐습니다. 미국이 물러나기가 무섭게 탈레반은 다시 아프간을 장악했습니다. 탈레반이 되돌아오자 공포에 빠진 사람들은 국외로 탈출하려고 아우성쳤어요. 한국으로도 400명 가까운 이들이 피신해 왔습니다.

Q #보복_전쟁 #탈레반 #바미안_석불 #제국의_무덤 #여성_인권_탄압 #미군_철수

이라크 전쟁
막을 수 있었던 두 번의 전쟁

1990년에 걸프전을 일으켜 이라크를 침공한 미국 대통령은 조지 W. 부시George H. W. Bush였고, 아프간전을 개시한 2000년대의 대통령은 바로 그의 아들인 조지 W. 부시였어요. 대를 이어 집권한 부시는 아프간에 그치지 않고 중동의 이라크까지 공격하기로 마음먹었습니다. 처음에는 이라크가 알카에다와 관련 있다고 했지만 사람들에게 통하지 않자, 이라크의 사담 후세인 정권이 핵무기를 개발하려 한다고 주장했죠. 그마저 먹히지 않으니까 그다음에는 '이라크의 독재정권을 쫓아내고 민주주의를 심겠다'는 명분을 내세웠죠.

부시의 말은 정말일까요? 부시는 석유회사를 경영한 적이 있고, 군사·에너지회사 출신인 부통령을 뒀어요. 이라크는 세계에서 석유와 천연가스가 가장 많이 묻혀 있는 나라들 중의 하나죠. 미국이 자원을 노리고 전쟁을 일으켰다고 의심한 사람들이 많았습니다.

세계 곳곳에서 반전 시위가 일어났지만 미국은 아랑곳하지 않았죠. 2003년 3월, 미국은 이라크 수도 바그다드 폭격을 개시했습니다. 사담은 도망쳤다가 잡혀서 처형됐어요. 미군이 3년간 이라크를 통치한 뒤 이라크 사람들에게 권력을 되돌려줬고, 자유선거를 거쳐 새 정부가 출범했습니다.

'판도라의 상자'라는 말을 아시나요? 멋모르고 상자를 열었다가 사고뭉치들이 튀어나가, 주워 담을 수 없게 되는 상황을 가리키죠. 딱 그랬어요. 미국은 아프간 전쟁과 이라크 전쟁을 '테러와의 전쟁'이라 불렀으나, 오히려 세계의 무슬림들이 미국에 반발했고 이슬람 극단주의 테러 세력들에게 빌미를 준 셈이 됐죠. 두 차례 전쟁으로 중동은 혼란에 빠졌어요. 숱한 이들이 죽거나 다치고 난민이 되었으며, 곳곳에서 이슬람 극단주의 테러가 세계를 공포에 떨게 했어요. 미국과 유럽, 호주, 뉴질랜드 등에서는 백인 우월주의자들이나 극우파의 테러 공격도 그 못지않게 일어났고요.

전쟁을 치르면서 미국의 재정은 바닥났고 국제적인 위상도 추락했어요. 멋대로 결정하고 밀어붙이는 미국의 '일방주의' 때문에 유럽과도 멀어졌죠. 테러나 과격주의자들의 공격은 그 바탕에 깔린 불만과 사회의 문제점을 해결해야 막을 수 있다는 것. 그리고 보복은 또 다른 보복을 낳을 뿐이라는 것. 미국과 세계에 상처를 안긴 '테러와의 전쟁'이 남긴 교훈입니다.

Q #조지_부시 #이라크_자원 #아프간에_이어_이라크까지 #테러와의_전쟁 #일방주의_비판

제노사이드
집단 말살, 인류 최악의 범죄

어떤 민족이나 인종, 종교 공동체를 살해하고 없애려는 것을 제노사이드genocide라고 합니다. 자기가 선택한 것도 아닌, 타고난 신분이나 정체성을 이유로 사람들을 살해하는 일을 가리키죠.

1944년, 폴란드 변호사 라파엘 렘킨Raphael Lemkin이 책에 제노사이드라는 단어를 처음 썼다고 해요. 그는 제노사이드를 "한 집단 자체를 말살하는 동시에 삶의 기반을 파괴하기 위한 행동과 계획"이라고 정의했지요. 이때 렘킨이 가리킨 것은 나치의 유대인 학살인 홀로코스트였어요.

1946년 유엔은 집단학살을 국제법에서 범죄로 규정했고, 1948년 '집단학살죄의 방지와 처벌에 관한 협약'이 만들어졌습니다. 이 협약에 따르면, 집단학살에는 사람을 죽이는 것은 물론 신체나 정신에 해를 끼치는 행위와 특정 집단이 살아가는 환경을 악화하는 행위도 해당됩니다. 어떤 특정한 부족이나 민족이 아이를 많이 낳지 못하게 통제하는 정책들도 제노사이드에 들어가요.

1990년대 내전 중이던 동아프리카의 르완다에서 후투Hutu족이 투치Tutsi족을 학살했어요. 후투족 출신 대통령이 탄 전용기가 격추된 것을 빌미로, 벨기에 식민지 시절 이후로 지배계급의 중심을 이루던 투치족을 상대로 숫자가 더 많은 후투족이 학살을 벌인 거예요. 80만 명, 투치족의 70%이자 르완다 전체 인구의 10%에 해당하는 사람들이 살해됐어요. 이 사건을 국제사회는 바라보기만 했어요. 르완다 학살은 2차 대전 이후 사그라들었던 제노사이드라는 문제를 세계의 이슈로 끌어올렸습니다.

2017년 미얀마 정부가 무슬림 소수민족인 로힝야족 마을들을 공격해 집을 불태우고 고문하고 3만여 명을 살해했어요. 로힝야족이 아이를 낳는 숫자까지 제한한 명백한 제노사이드였습니다. 불교국가인 미얀마에서 로힝야는 오랫동안 '다른 나라에서 넘어온 이주민' 취급을 받고 차별받았어요. 결국 로힝야는 '인종청소'라고도 불리는 제노사이드의 대상이 돼 80만 명 이상이 삶의 터전을 잃었어요. 지금도 많은 로힝야족이 태국이나 방글라데시로 도망쳐 난민 생활을 하고 있습니다.

Q   #집단학살 #라파엘_렘킨 #국제법상_범죄 #르완다_대학살 #후투와_투치 #로힝야

인도양 쓰나미
인류가 겪은
가장 치명적인 자연재해

'쓰나미津波'는 지구를 구성하는 지각판이 흔들리거나 해저화산
이 폭발하면서 거센 파도가 일어나 해안선으로 밀려오는 것을 가
리켜요. 이 말은 '지진해일'을 칭하는 일본어 표현입니다 '쓰나
미'라는 단어를 들으면 아마 많은 분들이 2011년 일본을 강타한
대지진을 떠올릴 겁니다. 동일본 대지진 뒤 엄청난 해일이 몰려
와 후쿠시마福島의 핵 발전소에서 사고가 났고 방사능이 누출됐
죠. 우리에겐 이 사건이 더 가깝게 느껴질 수 있지만 그보다 앞서
쓰나미가 세계적인 대재앙을 부른 사건이 있었습니다. 2004년 발
생한 '인도양 쓰나미'입니다.

　2004년 12월 26일, 인도네시아 수마트라섬 부근에서 규모
9.3의 지진이 났고 그 여파로 쓰나미가 몰려왔어요. 높이가 100m
에 이르는 파도가 엄청난 속도로 움직이며 인도네시아뿐만 아니
라 태국, 말레이시아, 스리랑카, 아프리카 동부의 소말리아까지
덮쳤죠. 이 쓰나미로 14개국이 피해를 입었어요. 인도네시아에서

만 20만 명 가까운 사람이 숨진 것을 비롯해 주변국까지 총 28만 명이 목숨을 잃었고 1만 4000여 명은 주검도 찾지 못해 실종자로 남아 있습니다. 조기 경보시스템도 없어서 피해는 더 컸습니다.

인도네시아와 주변 국가인 스리랑카, 태국 등은 경제적인 영향도 받았어요. 쓰나미 자체가 이 나라들의 경제를 심각하게 흔든 것은 아니지만 어업과 관광업에 타격이 적지 않았습니다. 특히 가난한 어민들의 고통이 컸어요. 강과 바다가 만나는 해안에는 '맹그로브Mangrove'라고 부르는 숲이 있어요. 민물과 짠물이 섞이는 곳에서 물속에 뿌리를 내리고 자라는 식물들이 숲을 이룹니다. 맹그로브 숲은 파도의 피해를 줄여주지요. 그러니 이런 숲들을 베어낸 것이 피해를 키웠다는 얘기도 있어요.

쓰나미는 정치에도 영향을 미쳤습니다. 인도네시아 수마트라섬 북서부에 위치한 아체Aceh 지역에서는 독립을 바라는 분리주의 진영이 정부와 싸우고 있었어요. 아체가 쓰나미에 강타당한 뒤 피해를 복구하기 위해 정부와 평화협정을 체결했죠.

쓰나미 이후 국제사회는 한 뜻으로 구호에 나섰습니다. 또 세계적으로 쓰나미 조기경보시스템이 구축됐습니다. 유네스코는 인류가 겪은 자연재해 가운데 가장 규모가 크고 치명적이었던 이 재난의 발생과 대응과정을 세계기록유산으로 정했어요.

Q #지진해일 #수마트라_지진 #맹그로브 #쓰나미_조기경보시스템_도입 #유네스코_세계기록유산

쓰촨 대지진

쓰촨성을 덮친 지진,
두부처럼 무너진 건물들

'두부학교' '두부 공정'이라는 단어를 들어본 적 있나요? 중국에
서 공사를 허술하게 해서 지진이나 폭우 때 건물이 두부처럼 물
렁하게 무너져 내리는 상황을 빗댄 단어들입니다.

2008년, 중국 쓰촨四川성을 덮친 대지진으로 학교들이 맥없
이 무너져 많은 아이들이 다치거나 사망한 일이 있었어요. 이 이
후로 '두부학교'라는 말이 나왔습니다. 쓰촨 대지진은 인간의 힘
으로 피하기 힘든 지구의 지각작용 때문에 일어난 자연재해였죠.
하지만 어마어마한 인명피해와 재산피해가 안겨준 충격과 함께
중국의 여러 가지 문제점을 드러낸 사건이었습니다. 중국에서는
피해가 컸던 지역의 이름을 따서 원촨汶川 대지진이라 부릅니다.

2008년 5월 12일 오후 2시 28분, 규모 8.0의 지진이 쓰촨성에
서 일어났습니다. 여진이 보름 가까이 이어졌고, 멀리 떨어진 태
국이나 베트남에서도 진동이 느껴질 정도였다고 해요.

중국의 서부 내륙지역에 위치한 쓰촨성은 지구 표면을 덮고

있는 거대한 지각판 가운데 인도판과 유라시판이 만나는 경계에 자리잡고 있어요. 판과 판이 만나는 지역은 지각판이 움직이면서 지진이 많이 일어납니다.

2008년 쓰촨 지진은 2010년 아이티 대지진, 2004년 인도양 쓰나미를 몰고 온 수마트라 지진과 함께 수많은 사람의 목숨을 앗아 간 재앙이었습니다. 지진이 일어나고 10년 뒤에 중국 당국이 발표한 통계를 보면 사망자 1만 8000여 명, 실종자 1만 700여명, 부상자 37만 명에 달하고 집을 잃은 사람이 500만 명에 이릅니다. 경제 손실은 8452억 위안, 우리나라 돈으로 환산하면 142조 원으로 집계됐다고 합니다.

지진 자체는 자연적으로 발생했지만 피해를 키운 것은 사람들이었어요. '두부학교'에서 보았듯 부실공사로 건물이 무너져 숨진 사람들이 많거든요. 재해경보나 재난대비시스템도 제대로 갖춰지지 않았고요. 주변에 지어진 쯔핑푸紫坪浦 댐에 너무 많은 물을 가둬 놓아서 그 무게 때문에 땅이 약해졌다는 주장도 나왔습니다.

지진이 일어나자 세계가 구조 인력과 구호품을 보냈고, 중국 내부에서도 도움의 손길이 이어졌습니다. 중국 정부는 쓰촨 대지진이 일어났던 5월 12일을 '재난 대응의 날'로 지정했어요.

🔍 #쓰촨성 #원촨_대지진 #인도판과_유라시아판의_경계 #피해를_키운_부실공사 #지반_약화

글로벌 금융위기

터져버린 거품,
세금으로 기업을 살리는 게 맞나요?

집을 사려는데 돈이 모자라면 어떻게 할까요? 은행에서 자금을 빌리죠. 은행이 돈을 빌려줄 때에는 그 사람의 신용을 평가해서 이자를 정합니다. 2000년대 후반 미국의 은행들은 신용이 낮은 사람들에게 낮은 이자로 돈을 빌려줬어요. '집값이 계속 뛰고 있으니 일단 대출을 해주고, 못 갚으면 집을 팔게 하면 되지' 하고 생각했던 거예요. 은행들은 또 아주 복잡한 '파생 금융상품'들을 만들어서 빚 받을 권리인 '채권' 자체를 투자 상품으로 팔았어요. 보통 사람들은 이해하기도 힘든 이런 상품들은 자칫 원금마저 까먹을 수도 있습니다. 그러나 당장 이익을 많이 내준다고 하니 사람들의 돈이 몰렸죠. 그래서 금융 시장과 부동산 시장에 돈이 지나치게 많이 쏠리는 '거품bubble' 현상이 일어났습니다.

거품은 결국 터져버리고 맙니다. 위험한 투기를 많이 한 회사들이 무너지기 시작한 거죠. 특히 세계 4위의 금융사였던 리먼 브라더스Lehman Brothers가 2008년 쓰러지면서 빚낸 사람들과 금융회사들이 줄줄이 파산했어요. 집값이 떨어졌고, 금융기관들이 쓰러지면서 그 여파가 세계로 퍼졌습니다. 전 세계의 금융기관들이 서로 상품을 거래하며 이어져 있었으니까요. 이렇게 2007년에서 2008년에 세계 금융시장이 크게 타격을 입은 사건을 '글로벌 금융위기'라고 부릅니다.

2009년 집권한 미국 버락 오바마 정부는 한동안 그 뒤처리에 시간을 보내야 했어요. 금융시장의 붕괴는 자동차 회사들을 비롯한 '실물경제'에도 영향을 줬거든요. 정부는 어쩔 수 없이 몇몇 큰 회사들이 망하지 않도록 돈을 대줬어요. 이를 두고 경영을 제대로 못한 기업들을 정부가 세금으로 살려주는 것이 옳으냐는 지적도 많았죠. 특히나 금융회사들이 망해가는 중에도 임원들은 엄청난 보수를 챙긴 사실이 들통났어요. 잘못된 행동으로 손해를 끼친 사람들은 쏙 빠져나가고, 다른 사람들이 피해를 감수하는 이런 상황을 '도덕적 해이Moral hazard'라고 부릅니다.

한국이나 중국 등 아시아 국가들은 그나마 위기에서 빨리 탈출했지만 유럽은 오래도록 이 위기에서 벗어나지 못했어요. 재정이 부족한 나라들이 국가적인 위기를 맞은 상황에서, 독일을 비롯한 유럽연합의 돈 있는 나라들이 미적거리는 바람에 대책이 늦었거든요.

🔍 #세계금융시장_파생금융상품 #거품현상 #국민_세금으로_기업을_도와마_하나요 #도덕적_해이

아랍의 봄
철권통치의 겨울이 지나가고
찾아온 민주주의의 물결

"빵을 달라!"

2010년, 북아프리카의 튀니지에서 26세 청년 모하메드 부아지지Mohamed Bouazizi가 스스로 목숨을 끊습니다. 부아지지는 거리에서 야채와 과일을 팔아 근근이 생계를 유지했는데, 경찰이 장사를 못 하게 하자 절망했던 거예요. 이에 항의하고자 시위가 일어났고 이 시위는 독재정권에 맞선 혁명으로 번졌어요. '재스민혁명'이라 불렸던 튀니지의 시민혁명은 주변 국가로 퍼져 나갔습니다. 이집트에서 반정부 시위로 1981년부터 집권한 호스니 무바라크Hosni El Sayed Mubarak 대통령이 쫓겨났고요. 리비아에서도 40년 넘게 권력을 쥐고 있던 독재자 무아마르 카다피Mu'ammar Al-Qadhdhāfī가 반정부 시민군에 축출됐지요.

2010년 말부터 이듬해까지 튀니지, 리비아, 이집트, 알제리, 모로코, 요르단, 이라크, 이란 등 북아프리카와 중동 국가에서 번져나간 민주화 시위를 '아랍의 봄'이라 일컫습니다. 철권통치 이

후 찾아온 민주주의 시기는 곧잘 '봄'에 비유됩니다. 1968년 체코에서 시작된 개방과 개혁의 물결을 '프라하의 봄'이라고 해요. 우리나라에서 1979년 10월 박정희 대통령이 피살된 뒤 1980년 5월 군사쿠데타가 일어나기 전까지 민주주의에 대한 기대가 커졌던 시기는 '서울의 봄'이라고 합니다.

'아랍의 봄'은 왜 여러 나라에서 동시에 일어났을까요? 나라마다 조금씩 사정은 달랐지만 공통점도 많았어요. 대부분 독재자가 장기 집권하고 있었고 부패가 심했으며 국민들은 경제난을 겪고 있었던 거예요. 예전에는 독재 권력이 시민들의 입을 틀어막을 수 있었지만 디지털 시대가 되면서 예전 같은 통제는 이제 불가능해졌죠. 젊은이들은 소셜 미디어를 통해 서로 연락하며 집회와 시위를 조직했어요.

혁명 이후 리비아에서는 카다피가 쫓겨난 뒤 반정부 진영이 둘로 나뉘어 싸우고 있어요. 이집트에서는 자유선거가 치러졌으나, 곡절 끝에 다시 군 장성 출신 정치인이 정권을 잡았습니다. 시리아는 독재자를 쫓아내지 못한 채 내전으로 치달았고요. 시민혁명으로 독재권력이 무너져도 정치적인 혼란은 오래가기 마련입니다. 민주주의가 뿌리를 내리는 데에는 수십 년이 걸릴 수밖에 없으니까요.

🔍 #모하메드_부아지지 #디지털시대_시위_조직 #민주주의가_뿌리내리려면_시간이_필요해

아세안
인구 6억의 힘,
북한도 외교를 펼치는 무대

필리핀, 태국, 싱가포르, 인도네시아, 말레이시아.

무엇이 떠오르나요? 여행? 맛있는 음식?

모두 동남아시아에 위치한 나라들이죠. 베트남 전쟁이 본격화되고 공산주의가 확산되며 국제 정세가 바뀌자 이 다섯 국가는 1967년 8월 방콕에서 '동남아시아국가연합Association of Southeast Asian Nations, ASEAN'을 결성합니다. 보통 '아세안'이라 부르는 이 기구에 인도네시아 보르네오 섬 위쪽에 붙은 브루나이 왕국이 합류했어요. 1990년대 냉전이 끝난 후로는 베트남, 라오스, 미얀마, 캄보디아 등 사회주의권 국가들도 가입해 현재는 회원국이 열 개로 늘었습니다. 한국과는 거리도 가깝고 문화적으로도 친숙한 이 국가들은 경제적으로도 중요한 나라들이에요. 아세안 국가들의 인구를 합치면 6억 명이 넘어요. 연간 국내총생산GDP을 합치면 3조 1062억 달러로 세계 경제의 4%를 차지하지요. 2019년에 아세안은 한국의 두 번째로 큰 교역 상대였고, 한국과 아세안 국가들을 오가는 사람은 연간 1200만 명에 이르렀어요.

1900년대 후반부터 아세안과 주변 아시아 국가들 사이의 관계는 더 밀접해졌어요. 한국·중국·일본을 흔히 '동북아 3국'이라고 부릅니다. 1997년부터는 동남아와 동북아 국가들이 모여 '아세안+3'라는 협의체를 만들고 여러 분야에서 협력하고 있습니다. 아세안은 국경을 꽁꽁 닫아 건 북한이 드물게 외교를 펼치는 무대이기도 해요. 북한이 아세안 10개국 모두와 수교했거든요. 사회주의권 국가였던 베트남, 캄보디아, 라오스는 한때 평양에 대사관을 두기도 했죠. 아세안을 중심으로 '아세안+3'와 미국, 러시아 등이 참여해 안보 문제를 논의하는 아세안지역안보포럼ASEAN Regional Forum, ARF에도 북한이 참여하고 있어요.

국제사회는 이렇게 여러 회의기구와 채널을 만들어 대화하고 논쟁하며 협력합니다. 중국·러시아를 중심으로 중앙아시아의 '~스탄' 국가들이 참여하는 상하이협력기구Shanghai Cooperation Organisation, SCO, 태평양 섬나라들의 연합체Pacific Islands Forum, PIF 등이 그런 조직이에요. 태평양을 사이에 두고 아시아와 아메리카 나라들이 만나는 아시아 태평양 경제협력체Asia-Pacific Economic Cooperation, APEC, 아시아와 유럽이 모이는 아시아 유럽 정상회의Asia-Europe Meeting, ASEM 처럼 한 지역과 다른 지역을 잇는 회의기구들도 있답니다.

Q   #동남아시아국가 #아세안+3 #북한의_외교부대 #아세안지역안보포럼 #국가_간_대회_논쟁_협력

메콩강
여섯 나라를 가로지르는
동남아의 생명줄

메콩강은 길이 4000km에 걸쳐 흐르며 80만km²의 드넓은 땅에 물을 공급해주는 동남아시아의 생명줄입니다. 중국에서 시작해 미얀마, 태국, 라오스, 캄보디아, 베트남을 가로질러 남중국해로 흘러들어가는 메콩강은 세계에서 12번째로 길고 수량水量은 10번째로 많지요. 강의 하류에 펼쳐진 삼각주는 땅이 비옥해 엄청난 양의 쌀이 재배되는 곳이기도 합니다.

이러한 메콩강을 둘러싸고 분쟁이 벌어지고 있어요. 강이 말라가고 있거든요. 메콩강 상류에 위치한 중국은 1990년대 초부터 수력발전을 위해 댐을 10개 넘게 만들었어요. 그 남쪽에 있는 라오스도 댐 건설에 가세했지요. 그러자 메콩강 하류로 흐르는 물의 양이 줄었습니다. 비가 적게 오는 해에는 가뭄이 들어 농업은 커녕 먹을 물도 구하기 어려워졌어요.

2016년 베트남과 태국이 쌀농사를 크게 망쳤어요. 극심한 가뭄에다가, 기후변화로 해수면이 올라가면서 바닷물이 농지로 들

메콩강 유역 6개국

어왔던 거예요. 우기에 물이 늘어나야 어업을 할 수 있는 캄보디아도 피해를 입었어요. 이 나라들은 중국이 댐을 지어 물을 가두는 바람에 메콩강 수위가 낮아졌다고 주장합니다. 중국을 견제하는 미국도 동남아 국가들 편에 서서 '중국의 댐이 없었다면 가뭄이 덜 했을 것'이라는 공동 조사 보고서를 냈죠. 반면 중국은 '우리 댐이 우기에 홍수를 줄여주고, 건기에는 저장해둔 물을 방류해 가뭄을 해소하는 데에 도움이 된다'는 보고서를 냈습니다.

분쟁의 중심이 된 강은 또 있어요. 세계에서 제일 긴 강이죠, 길이 6650km에 이르는 북아프리카의 나일강입니다. 에티오피아는 나일강 상류에 초대형 댐을 지어 발전을 하고, 전기를 수출하려는 계획을 세웠어요. 2011년 시작된 댐 공사는 10년이 지나면서 현재는 거의 완성된 상태입니다. 하지만 나일강 하류에 위치한 이집트는 이 계획에 강력하게 반대하고 있습니다. 메콩강 하류 사람들처럼 이집트 사람들에게 나일강은 농업과 어업의 터전이기 때문입니다. 기후 위기로 가뭄이 늘고 건조한 지역의 우기가 들쭉날쭉해지면서 세계 곳곳에서 물을 둘러싼 갈등이 커지고 있어요.

#동남아시아의_생명줄 #댐_건설_논란 #가뭄 #물_분쟁 #나일강

카슈미르
아름다운 산악지대,
히말라야를 두고 벌어진 싸움

1947년, 인도가 영국으로부터 독립합니다. 무슬림들이 주로 거주하던 지역에서는 파키스탄이라는 국가가 따로 독립했어요. 영국 식민지에서 벗어나자마자 힌두교 중심의 12억 인구를 지닌 인도와 이슬람교 중심의 2억 인구를 가진 파키스탄이 갈라진 거죠.

그러고는 곧바로 카슈미르Kashmir 지역을 둘러싸고 인도와 파키스탄의 전쟁이 벌어집니다. 카슈미르는 인도, 파키스탄, 중국이 국경을 맞댄 산악지대입니다. 숲이 아름답고, 호수와 초원이 펼쳐져 있대요. 19세기에는 유럽인들이 등산과 사냥을 하러 경치 좋은 이곳을 많이 찾았답니다.

이처럼 아름다운 지역에서 왜 갈등이 벌어졌던 걸까요? 카슈미르 주민들은 대다수가 무슬림인 반면에 지역 지도자는 힌두교도였기 때문이에요. 지도자가 다수의 주민 의견을 무시하고 그 지역을 인도로 편입시키기로 결정했거든요. 이 결정에 반대한 파키스탄의 일부 무장세력이 카슈미르 점령에 나선 것이죠.

샥스감계곡
(중국령)

중국

카슈미르
(파키스탄령)

익사이친
(중국령)

시아첸빙하

실질 통제선

통제선

라다크
(인도령)

잠무카슈미르
(인도령)

인도령

파키스탄

인도

⬆ 인도-파키스탄 카슈미르 분쟁지역

　전쟁은 1949년에 끝났고, 카슈미르는 두 지역으로 쪼개져 각각 인도와 파키스탄으로 편입됩니다. 북부는 파키스탄령 아자드 카슈미르Azad Jammu and Kashmir, 남부는 인도령 잠무카슈미르Jammu and Kashmir가 됐어요. 분할된 뒤에도 이 지역에선 바람 잘 날이 없었습니다. 양측 간에 두 번 더 전쟁이 벌어졌죠. 지금은 파키스탄이 인도와 직접적인 무력 충돌을 하지 않으려 피하고 있지만, 인도령 카슈미르 안에서 파키스탄에 속하길 바라는 사람들이 중앙정부와 싸우며 수십 년 째 분리 독립 운동을 하고 있습니다. 인도는 자국령 카슈미르에 군대를 보내거나 민병대에 무기를 쥐어주고 극심하게 탄압하고 있고요. 인도군이나 인도군과 연결된 민병대가 수십 년 째 사람들을 학살하고 있다는 사실은 유엔도 보고서에서 지적한 적 있어요. 심지어 인도는 잠무카슈미르의 통신을 끊기도 하고, 최근에는 헌법을 고쳐 이 지역 사람들의 자치 권한을 없앴습니다.

여기에 중국도 끼어들었어요. 1962년 말, 국경을 맞댄 중국이 카슈미르를 침공해 악사이친Aksai Chin이라는 지역을 자신들의 영토로 삼았죠. 이렇게 히말라야의 아름다운 산악지대는 파키스탄, 인도, 중국의 싸움장이 되어버렸습니다.

이스라엘-팔레스타인

가자지구에 바람 잘 날 없네!
콘크리트 장벽을 사이에 둔 삶

현재의 이집트와 요르단, 시리아와 레바논으로 둘러싸인 곳, 지중해와 맞닿은 아시아의 서쪽 지역. 사람들은 오래전부터 이곳을 팔레스타인Palestine이라고 불렀습니다. 그 중심에는 예루살렘이 있지요. 서기 2세기에 로마 제국이 유대인들을 팔레스타인에서 쫓아내기는 했지만 그 후에도 주민 대부분을 차지하는 아랍계 무슬림들과 남아 있던 유대인들, 아랍계 기독교도들이 함께 살면서 이 지역의 역사를 만들어왔습니다.

그렇게 오랜 세월이 흐른 19세기에 유럽에서 핍박을 받던 유대인들이 '팔레스타인으로 돌아가 유대인의 나라를 세워야 한다'고 주장하기 시작했어요. 유대인들의 민족주의인 '시오니즘'이지요. 1차 대전 때 영국은 팔레스타인 땅을 '위임통치'라는 이름으로 점령하고 있었어요. 영국은 팔레스타인 사람들에게는 독립 국가를 만들게 해주겠다고 약속했고, 동시에 유대인들에게는 '팔레스타인에 유대 국가를 세우는 것을 지지해주겠다'고 약속

⬆ 이스라엘-팔레스타인 분쟁지역

했어요. 그래서 팔레스타인에 유입되는 유대인은 점점 늘어났죠.

1947년 유엔은 팔레스타인의 56%를 유대 국가가, 43%를 아랍 국가에 나누어 가지라고 결정했어요. 그리고 이듬해 유대 민족 국가인 이스라엘이 건국됐습니다. 유대인들은 영국이나 프랑스로부터 지원받은 무기들을 가지고 아랍인들을 학살하거나 쫓아냈어요. 그래서 팔레스타인 사람들은 이스라엘의 건국을 대재앙, 현지어로 '알나크바Al Nakba'라고 부릅니다. 이스라엘은 여러 차례 전쟁을 벌여 더 많은 영토를 차지했고, 팔레스타인에 할당된 땅을 점령했어요. 그렇게 팔레스타인 사람 수백만 명이 난민이 되었습니다.

팔레스타인 사람들은 팔레스타인 해방 기구Palestine Liberation Organization, PLO 같은 조직을 만들어서 저항했어요. 1993년, 양측 사이에 '오슬로 협정Oslo Accords'이 체결됐습니다. 두 나라가 한 지역에서 공존하기로 한 거예요. 하지만 팔레스타인 영토는 이스라엘을 사이에 두고 요르단강 서안West Bank과 가자지구Gaza Strip의 두 지역으로 나뉘어 있고, 이스라엘의 핍박은 지금도 계속되고 있습니다. 이스라엘은 거대한 콘크리트 분리장벽을 만들어서 팔레스타인 사람들을 고립시켰으며, 국제법상 금지된 무기까지 사용하며 툭하면 가자지구를 공격합니다.

#예루살렘 #무슬림과_유대인 #요르단강_서안과_가자지구 #분리장벽 #정말_공존일까

블라디미르 푸틴
러시아 제국의 부활을 노리는
크렘린의 주인

소련이 해체된 후, 개혁과 개방 정책을 이끈 고르바초프가 잠깐 대통령을 맡았어요. 그 뒤에 치러진 선거로 당선된 보리스 옐친 Boris Yeltsin이 1990년대에 새롭게 구성된 러시아 연방의 대통령을 지냈죠. 그 뒤를 이은 사람은 블라디미르 푸틴Vladimir Putin이라는 인물이에요. 푸틴은 옛 소련 정보기관인 KGB에서 일했습니다.

　2000년부터 2008년까지 푸틴이 집권하는 동안 동안에 러시아 경제는 크게 발전했어요. 러시아에는 석유와 천연가스가 많은데, 당시 에너지 가격이 비쌌거든요. 푸틴은 체첸Chechnya이라는 러시아 연방 속 작은 자치공화국에서 이슬람 저항세력이 벌이는 독립운동을 진압했어요. 체첸 사람들에게는 잔혹한 일이었지만, 러시아인 사이에서 푸틴의 인기는 높았죠. 또 푸틴은 이라크 전쟁을 비롯한 여러 이슈에서 미국 등 서방에 반대 목소리를 냈어요. 소련이 무너지고 나서 자존심이 상한 상태였던 러시아인들은 푸틴이 '강한 러시아'를 보여준다고 생각해서 그를 지지했죠. 소련 시절의 기업들을 헐값에 사들인 신흥 재벌들이 흥청망청 하는 것에 반감을 가진 사람들이 많았는데요, 푸틴은 '올리가르히Oligarchy'라 불리는 이런 신흥 재벌들의 부패를 찾아내 처벌했어요.

문제는 푸틴이 너무 오래 집권하고 있다는 점입니다. 러시아 법에 따라, 대통령은 총 3번 할 수 있지만 2번 연달아서 대통령을 하고 나면 다시 연임할 수 없어요. 푸틴은 2008년부터 2012년까지 잠시 총리를 맡았다가, 2012년 다시 대통령이 돼 세 번째 임기에 들어갔습니다. 그 뒤로는 몇 번이고 법을 고쳐서 사실상 기한 없이 집권할 수 있는 체제를 만들었습니다. 21세기에 들어 푸틴은 20년 동안이나 장기 집권하고 있습니다.

고인 물은 썩는다고 하죠. 푸틴은 권력을 유지하기 위해 언론을 통제하고, 정치적 반대파들을 제거하고, 성소수자나 '아시아계' 민족들을 차별하는 반인권 정책을 펼쳐 비판을 받고 있습니다. 2022년 2월 푸틴은 우크라이나 돈바스 지역 내 러시아인을 보호하고 우크라이나가 나토에 가입하지 않고 중립을 유지해야 한다고 주장하며 우크라이나를 침공했습니다. 우크라이나 전역에 미사일과 대포를 쏘면서 민간인 피해도 상당한 상황입니다. 민주주의를 발전시켜야 할 러시아는 도리어 '푸틴의 나라'가 되어버렸다고 하는 이가 많아요.

🔍 #보리스_옐친 #체첸 #올리가르히 #재벌_집단_부패 #장기집권 #반인권_정책 #푸틴의_나라

남중국해
9개 국가로 둘러싸인
바다에서 벌어진 일

2014년, 중국이 바다 한가운데에 인공 섬을 만들기 시작합니다. 원래 있던 작은 산호초 주위를 흙으로 덮어 축구장 1000개 크기의 섬으로 키운 거예요. 그곳 가까이에 있는 나라들은 반발했습니다. 중국이 멋대로 '영해'를 넓히는 바람에 어민들에게 방해가 된다는 거죠.

그런데 이 논란에는 어업을 방해받는다는 것보다 더 큰 국제적이고 정치적인 분쟁이 자리 잡고 있습니다. 바로 남중국해 이야기입니다.

남중국해는 중국과 베트남, 캄보디아, 태국, 말레이시아와 브루나이, 싱가포르, 대만, 필리핀의 9개 국가로 둘러싸인 바다입니다. 이 남중국해에 있는 중국명으로 시사 군도西沙群島, 영어로는 파라셀 군도Paracel Islands라 불리는 곳과 난사 군도南沙群島, 영어로는 스프래틀리 군도Spratly Islands라 불리는 곳 등에서 '영유권 분쟁'이 벌어지고 있습니다. 중국이 자기네 바다라며 만든 인공 섬에는

↑ 9개 국가로 둘러싸인 남중국해

은행, 학교, 병원도 있고 관광객들도 찾아옵니다.

　중국은 남중국해에 왜 집중하는 걸까요? 이 지역이 중요한 이유는 뭘까요? 우선, 남중국해를 통과하는 화물선들이 많아요. 해상 수송과 물류의 요지인 것이죠. 또 남중국해 바다 밑에는 석유와 천연가스도 묻혀 있습니다.

　중국이 남중국해에 구단선九段線이라는 가상의 선을 긋고 그

안은 중국 바다라고 주장하자, 필리핀은 국제법정인 국제상설중 재재판소PCA에 중국을 제소했습니다. 그 결과, 중국이 졌어요. 하 지만 남중국해 분쟁에 미국도 끼어들면서 긴장이 계속 높아지고 있습니다. 중국은 인공 섬에 군사기지를 만들고, 그 섬들을 지킨 다면서 주변에 군함들을 많이 보내고 있거든요. 거기 맞서서 미국 도 대규모 함대를 보내곤 해요. 이 바다는 모두의 바다이니, 어느 나라 배든 '항행의 자유' 즉 배를 통과시킬 자유가 있다는 거죠. 미국의 연구소들은 인공위성을 이용해 중국이 어떤 산호초에 어 떤 시설을 지었는지 감시하고 있답니다.

중국과 다른 아시아 나라들의 영해 다툼에다가 미국과 중국 의 '패권 경쟁'이 겹치면서 남중국해에서 자칫 무력 충돌이 일어 날 가능성이 점점 높아집니다. 여러 국가의 이익이 엇갈리는 남중 국해에서 과연 이 나라들은 평화를 유지할 균형점을 찾아낼 수 있 을까요?

#영유권_분쟁 #구단선 #국제상설중재재판소 #인공_섬을_만드는_중국 #항행의_자유

브렉시트
영국, 유럽연합에서 탈퇴하다

최근 유럽연합에서 탈퇴한 국가가 있어요. 바로 영국입니다. 영
국의 유럽연합 탈퇴를 가리켜 '브렉시트Brexit'라고 부릅니다. 이
말은 영국Britain과 탈퇴exit를 합친 용어예요. 영국은 2016년, 전 국
민의 투표를 거쳐 브렉시트를 결정했고 2020년 1월 31일 공식 탈
퇴했어요.

유럽연합에는 상대적으로 더 잘사는 국가와 그렇지 못한 국가
들이 있어요. 회원국들은 경제 수준에 따라 분담금을 냅니다. 분담
금을 많이 내야 했던 영국인들 사이에서는 '우리 돈으로 가난한 나
라들을 먹여 살린다'는 불만이 커졌어요. 동유럽 국가들의 유럽연
합 가입이 늘어나고, 동유럽 사람들이 영국으로 많이 이주한 것
도 영향을 미쳤죠. 이주민들이 일자리를 빼앗아 간다고 주장하는
사람들이 더 많아졌어요. 영국은 스스로 프랑스나 독일 같은 '(유
럽)대륙' 국가들과는 다르다고 생각해왔으며, 대륙 국가들보다
미국과의 관계가 유독 가깝다는 역사적인 배경도 있었어요.

브렉시트 국민투표에서 교육과 소득 수준이 높은 사람일수록 유럽연합에 남기를 바랐고, 저임금 노동자들은 탈퇴를 원했어요. 그만큼 경제나 이민에 대한 영국인들의 의견이 갈라져 있었던 거죠. 이 틈을 타고 '이주민을 몰아내자'고 주장한 극우 정당과 정치인도 있었습니다.

브렉시트가 영국에 이익이 될까요? 전문가들은 장기적으로 유럽연합보다는 영국이 입는 피해가 더 클 것이라고 봅니다. 하지만 영국의 탈퇴가 유럽연합에도 좋은 일은 아닙니다. 영국이 내던 분담금이 사라지는 문제도 있지만 자칫 유럽연합 자체를 흔들 수도 있거든요. 유럽연합은 사회와 경제 다방면에서 높은 기준을 만들어 회원국들의 민주주의와 인권 수준을 높이고, 국제무대에서 미국이나 중국 혹은 러시아에 버금가는 목소리를 낼 수 있도록 해왔습니다. 이 과정에서 유럽연합의 기준이 자신들의 기준과 다르다며 반발한 나라들이 적지 않았습니다. 또 유럽연합의 규모가 너무 커지다 보니 기구를 운영하는 데에 인력과 돈이 많이 들어가고 행정 절차가 느려지는 '관료주의'가 심해졌고요. 자칫 브렉시트가 다른 나라들의 탈퇴를 부추길지 모른다고 걱정하는 사람들이 많아요. 영국은 어떻게 될까요? '하나의 유럽'은 계속 유지될 수 있을까요?

#영국_유럽연합_탈퇴 #EU_분담금 #극우_정당_정치인 #이민자를_대하는_태도 #하나의_유럽

이주
한국에 사는 외국인, 외국에 사는 한국인 모두 이주민이야

철새들은 해마다 수천 km에서 1만 km가 넘는 거리를 날아가지요. 철새들이 계절마다 이동하듯, 사람들이 국경을 넘거나 다른 지역으로 옮겨가는 것을 '이주migration'라고 부릅니다.

아시아로, 유럽으로, 태평양의 섬들로, 아메리카로……. 아프리카의 초원지대에서 직립보행을 시작한 이래로 인류는 늘 이동해왔습니다. 현대에 들어서도 살 곳을 찾아, 전쟁을 피해, 일자리를 얻으려는 이동은 계속되고 있죠. 2019년 통계를 보면 더 많은 경제적 기회와 더 나은 삶을 찾아 국경을 넘어 외국으로 이주한 사람이 2억 7200만 명에 이르렀습니다. 그 가운데 3분의 2가 노동을 위해 이동했어요. 아랍에미리트연합UAE, 카타르, 쿠웨이트 같은 중동의 부유한 산유국에 거주하는 전체 주민의 80~90%가 인도, 파키스탄, 방글라데시 등에서 온 이주 노동자들입니다.

한국도 이주민 비율이 5%에 이릅니다. 한국에 사는 사람 20명 중 1명은 이주민인 셈이죠. 한국계 중국인을 포함해 중국인이

44%로 가장 많고 베트남인 10%, 태국인 8% 순입니다. 공장이나 식당은 물론이고, 농촌도 이들이 없으면 인력 부족으로 버티지 못해요. 한국으로 오는 이주민들도 많지만 한국에서 외국으로 가는 이주민들도 많죠. 일제 강점기 때에, 한국전쟁 이후로 수많은 이들이 한반도 밖으로 나갔고요. 지금도 한국에 사는 외국인 240만 명에 비해 한국 밖에서 사는 '한국 출신 이주민'이 750만 명으로 훨씬 많습니다.

12월 18일은 '세계 이주자의 날'입니다. 유엔은 '이주는 역경을 딛고 더 나은 삶으로 나아가는 용감한 의지를 보여주는 행동'이라고 정의했어요. 그러나 '낯설다'는 이유만으로 이주민들을 배척하고 공격하는 사람들도 있습니다. 2017년, 예멘에서 내전을 피해 한국으로 온 이들을 '이슬람 테러범'이라고 손가락질한 사람들이 있었죠. 미국이나 유럽에서는 이주민들을 노린 총기난사나 폭탄테러들도 일어났고요. 이주민들이 법과 제도의 보호를 받지 못한 채 저임금 노동에 내몰려 착취당하고 인권을 침해당하는 경우도 적지 않습니다. 하지만 이주는 억지로 막을 수 없는 세계적인 현상이에요. 이미 우리 사회와 경제도 그 연결망 안에 들어가 있답니다.

🔍 #인류의_역사와_함께한_이주 #이주_노동자 #세계_이주자의_날 #법과_제도 #인권 #보호

다문화
저마다 살아 숨 쉬는 문화,
다양성을 이해하고 인정해요

한국 사람들은 예로부터 철이 되면 김장하고, 땅을 가까이하며 뜨끈한 온돌방에서 살아왔습니다. 지금은 김치를 사 먹는 사람들이 더 많아졌고 아파트에 사는 사람들이 많죠. 햄버거와 피자, 양꼬치를 김치보다 좋아하는 사람도 있고, 추석이나 설보다 크리스마스를 흥겨워하는 사람들도 많습니다. 지구 반대편 멕시코 사람들은 '타코Taco'와 '케사디아Quesadilla'를 먹고 챙이 큰 '솜브레로Sombrero'라는 모자를 씁니다. 우리나라에서도 멕시코 음식점을 어렵지 않게 볼 수 있어요. 미국에는 멕시코 등 중남미에서 온 '히스패닉hispanic' 이민자가 늘어나면서 문화와 언어도 많이 퍼졌습니다.

문화는 지역마다 제각각인 동시에 늘 변화합니다. 시대와 기술이 바뀌면서 달라지기도 하고 다른 문화와 만나면서 변화하기도 하지요. 이주민이 늘면서 문화적 배경이 다른 사람들이 점점 더 얽혀 살아갑니다. 하나의 언어와 생활 관습으로 통일시키는 대신에 각각의 문화를 존중하며 공존하자는 생각을 '다多문화주의'라고 합니다. 각 재료의 맛을 살리면서도 조화를 이루는 '샐러드 볼salad bowl 사회'를 만들자는 거예요. 이와 반대로 이주해온 사람들이 원주민들의 '주류' 문화를 받아들이도록 하자는 흐름을 동화同化주의라고 부릅니다.

한국 사회에서도 다문화라는 단어가 종종 쓰입니다. 외국인 노동자와 결혼 이주민 유입이 많아지면서 다문화 정책이 시작됐어요. '다문화가족지원법'도 마련됐죠. 다문화주의는 다양한 문화집단이 서로 이해하고 인정하는 '관용'을 바탕으로 삼습니다. 하지만 실제로는 원주민과 이주민 사이에 문화 차이로 갈등이 생기고, 이주민이 사회의 낮은 계층을 형성하는 경우가 적지 않아요. 피부색이나 태어난 곳이 다르다는 이유로, 부모님이 이주민이라는 이유로 소외되고 차별받는 일이 많기 때문입니다. 이럴 때 '다문화'는 하나의 꼬리표로 작용해 '낙인'이 되고는 합니다.

유럽에서는 원주민들의 사회규범이나 제도를 이주민들이 온전히 받아들이지 않고 언어 소통에서도 지장이 많아 충돌이 일어나기도 했습니다. 그래서 다문화주의는 실패했다고 보는 사람들도 있어요. 다양한 문화를 인정하되, 이주민들이 이주해간 곳의 언어와 법, 사회규범을 받아들일 수 있도록 돕는 것이 갈등을 풀 방법이겠지요.

Q #문화 #지역마다_제각각 #다른_문화를_존중하고_공존하자 #동화주의 #관용 #차별

인종주의

모든 사람은 다 같은 종인데
누가 누굴 차별해?

인간의 학명은 '호모 사피엔스Homo sapiens sapiens'입니다. 모든 인간이 같은 '종種'이에요. 그렇다면 이 인간들 사이에도 종류가 있고, 차이가 있을까요?

유럽 식민주의자들은 '그렇다'고 생각했어요. '인종人種, race'이라는 개념을 만들어서 겉으로 드러난 생물학적 특징을 가지고 인간을 나눴습니다. 손쉽게 눈에 보이는 대로 사람을 구분할 수 있는 피부색을 주된 기준으로 삼았고요. '생물학적인 차이'를 '사회적인 차이'로까지 확장시켜서, 어느 집단 혹은 어느 나라 어느 민족은 '산업 발전을 이룰 능력이 없다' '역량이 모자라므로 다른 집단의 지배를 받아야 한다'고 했어요. 이런 생각을 인종주의racism라고 합니다. 꼭 우열을 따지지 않더라도, 인종이나 국민, 민족을 뭉뚱그려 하나의 정체성을 가진 집단으로 보고 특징을 설명하려는 관점이 인종주의예요.

인종을 가지고 어떤 집단을 부당하게 대우하는 것을 인종차

별이라 하지요. 가장 먼저 떠오르는 건 흑인에 대한 차별입니다. 19세기 말, 미국에서 흑인 노예제도가 폐지됐지만 '흑인'과 '백인'을 분리하고 차별하는 정책은 계속됐어요. 버스에서도 '흑인'들을 앞좌석에 앉지 못하게 해 이들은 뒷자리로 가야 했어요. 투표권도 주지 않았고요. 거기에 맞서서 1960년대에 '흑인들에게도 시민으로서의 권리를 보장하라'는 민권운동Civil Rights Movement이 일어났습니다. '백인'들도 이 운동에 많이 동참했어요. 버스에서 흑인을 차별하는 것에 항의한 여성 로자 파크스Rosa Parks, "나에게는 꿈이 있습니다"라는 연설로 유명한 마틴 루터 킹Martin Luther King Jr. 같은 이들이 민권운동을 이끌었습니다.

미국에서는 오늘날 흑인이라는 말 대신에 '아프리카계 미국인African Americans'이라는 표현을 써요. 법적으로 차별이 없어졌다고는 하지만 사회 곳곳에 차별은 여전히 존재합니다. 교육받을 기회와 일자리는 물론이고, 집을 살 때 돈을 빌리는 것조차 불리한 거예요. '백인' 경찰이 '흑인' 남성을 조사한다면서 총기를 사용하거나 과잉 진압하는 등 사망으로 이어진 사건들이 잇따르면서, '흑인의 생명도 소중하다Black Lives Matter'라는 저항운동이 벌어지기도 했습니다.

#인종 #흑인과_백인_분리 #민권운동 #마틴_루터_킹 #흑인의_생명도_소중하다

국제형사재판소
인류의 정의를 위해
세계가 협력해요

국가 간 전쟁이나 한 국가 안에서 벌어진 내전에서 대량 학살이나 집단 강간처럼 파렴치한 범죄는 여러 번 일어났습니다. 1, 2차 대전 때뿐 아니라 1990년대에 들어와서도 이런 범죄가 이어졌죠. 르완다와 옛 유고연방 내전에서 자행된 이런 '반인도 범죄'들. 해당 국가들은 유엔 등 국제기구의 도움을 받아 특별재판소를 만들어 지금까지 재판을 계속하고 있습니다. 사건마다 재판소를 만드느니, 반인도 범죄를 저지른 국가와 개인들의 죄를 다룰 세계 공통의 재판소를 만들어 처벌하자는 의견이 커졌습니다. 그래서 만든 것이 네덜란드 헤이그에 있는 국제형사재판소International Criminal Court, ICC입니다. 2002년 활동을 시작한 이 재판소는 인류 모두의 정의를 위해 세계가 협력해 만든 최초의 재판소랍니다.

국제형사재판소는 제노사이드와 침략범죄 같은 거대한 규모의 범죄를 다룹니다. 검찰부가 예비조사를 한 뒤에 '심각한 범죄'라고 판단하면 기소를 합니다. 증인 심문 등 재판과정을 거쳐 18

명의 재판관이 판결을 내려요. 2009년부터 2015년까지는 한국의 송상현 재판관이 소장을 지내기도 했습니다.

첫 판결은 2012년 토마스 루방가Thomas Lubanga Dyilo라는 아프리카 콩고민주공화국의 무장세력 지도자에 대한 것이었습니다. 루방가는 어린 소년들을 유인하거나 납치해 '소년병'으로 만들어서 잔혹행위를 지시했습니다. 15세 미만의 아동을 전쟁에 동원하는 것은 전쟁범죄이고, 루방가는 만장일치로 유죄를 선고받았죠. 하지만 공교롭게도 그간 ICC에 기소된 사람은 모두 아프리카 사람이었어요. 그래서 아프리카 국가들은 힘이 약한 나라들만 노리는 '하이에나 재판소'라며 ICC에 반발하고 있습니다. 게다가 미국, 중국, 인도, 이스라엘 등은 ICC 조약에 가입하지도 않았죠. 2016년에는 러시아도 탈퇴했고요.

앞으로는 환경, 기후문제도 ICC 재판에 부쳐질지 모릅니다. "아마존 숲을 파괴하고 원주민들의 삶을 무너뜨리는 것 또한 대량 학살에 맞먹는 환경학살ecocide"이라며 ICC에서 처벌할 수 있어야 한다고 주장하는 환경 법률가들의 목소리에 힘이 실리고 있거든요.

Q #전쟁범죄_처벌 #네덜란드_헤이그 #송상현_재판관 #하이에나 #환경과_기후문제 #환경학살

068

유목민
농사 대신 목축,
옮겨 다니며 살아요

집은 인간의 정착을 상징합니다. 농사를 짓고 마을을 만들고 사람들과 교류하면서 문명이 생겨났지요. 그런데 인류가 처음부터 한 곳에 정착해 생활한 것은 아닙니다. 살아남기 위해 먹이를 찾아 이동하는 것이 인류의 특징이었죠. 농경이 시작된 뒤에도 한 자리에 머물러 농사를 짓는 대신에 초원이나 건조한 지대에서 소나 양을 키우며 살아가는 사람들이 남아 있어요. 이들을 유목민 nomad이라고 부릅니다. 정착하지 못해 이동한 것이 아니라 '유목'이라는 고유한 생활 양식을 유지하며 살고 있는 거죠.

역사에 기록된 가장 오래된 유목민인 스키타이족은 현재의 러시아와 카자흐스탄 등 중앙아시아에 살았고 말을 잘 다뤘다고 해요. 이후 중국의 북서부와 중앙아시아를 아우르며 한반도 주변까지 왔던 '북방 민족'으로는 흉노, 돌궐 등이 있었죠.

세계에서 가장 유명한 유목민은 누구일까요? 아마도 12세기에 유목민들을 통합해 몽골 제국을 세운 칭기즈 칸Chingiz Khan일

거예요. 원래 이름은 테무진Temüjin인데, 유목민들을 통합해 지도자인 '칸'이 되었습니다. 그는 중국에서부터 중앙아시아와 이란을 지나 아랍과 러시아까지 이어진 거대한 제국을 건설하지요. 한때는 세계 육지 면적의 16%가 몽골 제국의 영토였대요. 몽골에는 지금도 유목민이 있습니다. 양이나 말, 염소의 먹이인 목초를 따라 이동하면서, 이동식 천막집인 게르Ger를 중심으로 가족들이 모여 삽니다.

동아프리카에는 마사이Maasai인이 있습니다. 수천 년 전부터 사바나Savanna라 불리는 초원에서 소를 치며 살아왔죠. 마사이족은 소똥을 진흙에 섞어 집을 짓고, 비가 오는 우기와 비가 오지 않는 건기에 맞춰 집을 옮기며 삽니다. 하지만 개발이 사바나까지 밀고 들어가 초원이 사라지고 물이 부족해지면서 마사이인이 살아가기는 점점 어려워지고 있습니다.

중동의 사막 지대에서는 베두인Bedouin이라는 유목민이 유명합니다. 이들 역시 시대 변화에 밀려 삶의 터전이 줄고 있지요.

세계화와 함께 '디지털 시대'가 오면서 여러 나라를 넘나들며 일하는 기술 분야의 '디지털 노마드'들이 늘어갑니다. 하지만 정작 현실의 노마드들은 갈수록 살기가 힘들어지고 있네요.

🔍 #스키타이족 #칭기즈_칸 #몽골 #게르 #마사이 #베두인 #디지털_시대 # 디지털_노마드

069

난민

전쟁과 정치적 탄압에 내몰린 사람들, 어떻게 보호해야 할까요?

일제 점령기 때 일제의 박해를 피해 중국으로 떠나 상하이에 '대한민국 임시정부'를 세운 항일 운동가들 이야기를 들어봤을 거예요. 명망 있는 독립 지도자들뿐 아니라, 먹고살 길이 막혀 한반도 북쪽에 있는 중국의 중국 북간도나 러시아 연해주로 떠난 이들도 많았죠.

이주민 중에는 전쟁이나 정치적인 탄압 때문에 어쩔 수 없이 피신해야 하는 사람들이 있어요. 이들을 난민refugee이라 부릅니다. 유엔난민기구United Nations High Commissioner for Refugees, UNHCR에 따르면 난민은 "인종, 종교, 국적, 혹은 사회집단의 구성원이라는 신분이나 정치적 의견 때문에 박해를 받을 수 있는 사람" "그래서 자신이 국적을 둔 나라의 보호를 받을 수 없거나 보호를 원하지 않는 사람"입니다. 유엔난민기구 친선 대사인 정우성 배우가 말한 것처럼, 상하이 임시정부를 이끈 이들도 이 기준으로 보면 난민이었습니다.

지금 같은 난민의 개념이 자리잡은 것은 1951년 난민 지위에 관한 협약이 만들어지면서였습니다. 이 협약에 따라 유엔 산하에 난민기구가 만들어졌죠. 베트남전이 발발했던 1960년대에서 1970년대 무렵에는 남베트남 사람들이 배를 타고 나라를 떠나 '보트 피플boat people'이라 불리기도 했습니다.

현재 세계에는 2500만여 명의 난민이 있습니다. 이스라엘의 핍박으로 터전을 잃은 팔레스타인 난민들, 미얀마 군사정권에 의해 '제노사이드'를 당하고 이웃나라로 쫓겨난 '로힝야족' 난민들, 10년 넘게 이어진 내전으로 피신한 시리아인들……. 어떤 사람들은 '난민들이 부자나라를 찾아다닌다'고 주장합니다. 그러나 난민을 가장 많이 받은 나라는 당연하게도 국경을 맞댄 이웃 나라예요. 난민의 80%는 출신국과 다를 바 없이 경제력이 부족하거나 불안정한 개발도상국에 머물며 본국으로 돌아갈 날을 기다리고 있습니다.

앞으로는 분쟁이나 정치적인 핍박 때문만이 아니라 기후변화 때문에 사람들이 살 수 없는 지역이 많아져서 '기후 난민'이 늘어날 것으로 보입니다. 해수면이 올라가면서 가라앉고 있는 태평양 섬나라에 사는 사람들은 어디로 가야 할까요?

Q #어쩔_수_없는_선택 #유엔난민기구 #보트피플 #기후변화로_난민이_생길지도_몰라요

젠더사이드
성별로 인한 살해,
단 한 명도 잃을 수 없다!

옛 유고연방 내전 때의 일입니다. 세르비아계 군인들은 보스니아의 무슬림 마을인 스레브레니차Srebrenica에서 남성들을 골라내 학살했습니다. 이 범죄를 '스레브레니차 학살'이라고 부릅니다. 르완다 내전에서 후투족은 투치족 여성 수십만 명을 집단 강간했고, 그 여성들 가운데 상당수를 살해했습니다. 이렇게 '젠더gender' 즉 성별을 기준으로 살해하는 것을 '젠더사이드gendercide'라 합니다. 젠더사이드라는 말은 1985년 매리 앤 워런Mary Anne Warren이라는 미국 작가가 만든 단어입니다.

전쟁 시에 상대편 집단을 말살시키겠다며 여성들을 집단 강간하거나 살해하는 일은 적잖게 일어났습니다. 일본군 위안부 강제 동원 같은 '전시 성폭력'과 같은 맥락이에요. 그런데 1990년대에 전혀 다른 측면에서의 젠더사이드가 국제적인 이슈로 떠올랐습니다. 인도 출신으로 노벨경제학상을 받은 경제학자 아마르티아 센Amartya Sen은 세계의 남성과 여성 인구를 비교했을 때 여성

숫자가 지나치게 적다는 사실을 지적했어요. 여성이 100명 태어나면 남성은 105~106명 태어나는 것이 '자연 성비性比'인데 여성이 그에 비해 턱없이 모자랐던 거죠. 특히 인도나 중국이 그랬어요. 센은 '사라진 여성missing women'들이 남성 중시 때문에 희생된 여자아이들일 것이라고 추정했어요. 아기를 낳아서 딸이면 살해하거나 병에 걸려도 죽게 놔두기 때문이라는 거죠. 중국이나 한국에서는 '태아 성 감별'로 여자아기는 인공 유산시키는 일이 아직도 암암리에 일어납니다.

세계에서 살해되는 여성의 대부분은 남성, 그중에서도 특히 남편에 의해 목숨을 잃습니다. 아르헨티나에서는 남성 배우자로부터 여성들이 살해되는 범죄가 잇달아 일어나자 '#니 우나 메노스Ni Una Menos(한 명도 적지 않다)'라는 여성들의 캠페인이 최근 몇 년 간 거세게 일어났습니다.

세계보건기구WHO는 젠더사이드 중에서도 '여성에 대한 고의적 살인'을 '페미사이드femicide'라 정의해요. 남아시아나 중동에서 '가족의 명예를 떨어뜨렸다'며 아버지나 남자 형제가 딸 혹은 누이를 살해하는 것도 여기에 해당되지요. 여성에 대한 폭력을 쉬쉬하는 문화, 남성의 폭력을 별 것 아닌 일로 보는 사회적 인식과 법제도를 고치지 않으면 페미사이드는 사라지기 힘들 거예요.

Q #성별_때문에_살해 #전시_성폭력 #사라진_여성 #태아_성_감별 #여성_살해 #페미사이드

고령화
전체 인구에서 노인이 늘어나요

지금 태어난 아이가 사고를 당하지 않는다면 몇 살까지 살 수 있을지를 예상한 것을 '기대수명'이라고 해요. 인류의 기대수명은 먹을거리가 충분해지고 의학이 발달하면서 계속 늘어났어요. 1990년대 64세였던 세계인의 기대수명은 2019년 72세가 됐고, 2050년에는 77세로 늘어날 것이라고 전문가들은 예측합니다.

지구상에서 극심한 가난은 전보다 많이 사라졌어요. 태어나 5살도 못 되어 죽는 아이들의 비율인 '영아사망률'도 크게 떨어졌고요. 아이가 생존할 가능성이 높으면 여성들이 평균적으로 낳는 아이의 숫자는 줄어듭니다. 거기에 더해 여성들의 교육 수준이 높아지면서 대부분의 나라에서 출산율이 떨어지고 있지요. 농사를 지으려면 자식을 많이 낳아 노동을 돕도록 하는 것이 좋겠지만 현대 사회에서 사람들은 아이를 적게 낳아서 교육을 더 많이 시켜 보다 나은 삶을 살게 하는 편을 택합니다. 여기에 기대수명까지 늘어나니까 전체 인구에서 '노인'이 늘어나요. 이걸 고령화라고 합니다.

몇 살부터 '노인'일까요? 유엔은 보통 65세를 기준으로 삼습니다. 65세 이상인 사람이 인구의 7%를 넘으면 고령화 사회, 14% 이상이면 고령 사회라고 부르고 21%이상이면 초고령 사회라고 합니다. 2050년에는 세계인 6명 중 1명이 고령자일 것이라고 해요.

인구 고령화가 세계적인 추세이기는 하지만 고령화는 한국, 중국, 일본 등 동아시아 지역에서 두드러집니다. 우리나라는 2000년 고령화 사회로 진입한 뒤 2018년에는 고령 사회가 되었고요. 2025년이 되면 초고령 사회가 될 것으로 예상됩니다.

노인들이 많아지는데 일할 나이의 '경제활동 인구'는 줄어들고 있습니다. 이대로라면 젊은 사람들의 세금 부담이 늘어날 거라고 걱정하는 이들이 많죠. 해법은 뭘까요? 연금을 받는 나이를 올려서 고령자들이 몇 년 더 일하게 하고, 여성들이 일할 수 있도록 차별을 없애며 육아를 돕고, 이주노동자를 폭넓게 받아들이는 수밖에 없어요. 고령자들을 대상으로 한 의료, 복지 등 '실버산업'은 더 커질 거예요. 고령자들을 돌보는 '돌봄 노동'을 하는 사람들도 늘어날 거고요. 노인들의 연륜과 지혜를 어떻게 활용하고 세대 갈등을 어떻게 극복하면 좋을지, 이미 다가온 초고령 사회에 맞춰 모두가 적응할 방법을 찾아보아야겠지요.

Q #기대수명 #고령화_사회 #고령_사회 #초고령_사회 #경제활동인구 #실버산업 #돌봄_노동

청년실업
인공지능과도 일자리 경쟁을?

국제노동기구International Labour Organization, ILO에 따르면 2019년 15~24세의 청년 인구는 전 세계에서 약 13억 명이었어요. 그런데 일을 하고 있거나 일자리를 찾는 사람인 '경제활동인구'는 5억 명을 밑돌아요.

'니트NEET족'이라는 말이 있어요. 학교에 다니는 것도 아니고, 일을 하거나 구직을 준비하는 것도 아닌 사람들로, 'Not in Education, Employment or Training'의 약자를 딴 말입니다. 다시 말하자면 일할 의지가 없는 사람들이죠. 이들은 구직자도, 실업자도 아니기 때문에 실업률 통계에서도 빠져요. 경제활동인구가 줄었다는 것은 취업을 포기한 사람들이 많아졌다는 뜻입니다.

고령화로 일할 사람들이 줄어들면 어쩌나 하는 것도 걱정인데, 한쪽에서는 '청년실업' 때문에 난리입니다. 왜 그럴까요? 청년들이 '원하는 일자리'와 그들이 '갈 수 있는 일자리'가 다를 수 있어요. 경제가 고속 성장하던 부모 세대 시절의 '정규직' '대기업' 일자리는 현재 너무 많이 줄어들었거든요. 게다가 경제적으로 중간소득 혹은 저소득 국가들에서 청년들이 늘어납니다. 세계 청년인구의 80% 이상이 개발도상국에 산다는 통계도 있어요. 그런가 하면 교육 문제를 지적하는 이들도 있습니다. 일하는 데에 필요한 기술의 형태와 내용이 너무 빨리 바뀌고 있어요. 20년 전에는 인터넷을 쓰는 사람이 거의 없었는데 이제는 인공지능과 경쟁해야 하는 상황에 직면했습니다. 그런데 학교에서 가르치는 지식은 일하는 데에 필요한 기술이나 지식과는 거리가 있죠.

여러 요인이 있지만, 잘사는 나라에서조차 청년실업이 큰 이슈인 것을 보면 이 문제는 글로벌한 현상입니다. 세계의 산업이 '노동 집약적'이었던 일손이 많이 필요한 형태에서 기술과 기계에 의존하는 쪽으로 바뀌고 있으니까요. 그래서 점점 더 많은 사람들이 제조업이 아닌 서비스업으로 가게 됩니다. 서비스업계에는 비정규직이나 저임금 일자리가 많아요. 일자리의 '질'이 떨어지는 거예요. 가난한 청년들, 일자리 없는 청년들이 늘어나면 사회적인 갈등이 커지게 마련입니다. 특히 저개발국에서는 이 갈등이 폭력적인 사태로 나타날 수도 있고요. 유엔은 청년실업이 저개발지역에서 '시한폭탄'이 되어가고 있다고 걱정합니다.

🔍 #니트족 #취업_포기 #고속_성장_시대와는_다른_지금 #양질의_일자리 #가난한_청년들

국제노동기구
유엔보다 먼저 만들어진 유엔 기구, 노동 문제를 다뤄요

앞에서 언급한 국제노동기구ILO는 노동 문제를 다루는 유엔 기구입니다. ILO는 유엔 기구이지만 사실 유엔보다 더 먼저 만들어졌어요. 1차 대전이 끝나면서 '베르사이유 평화조약'이 1919년에 체결됐는데, 이 조약에 따라 국제노동기구가 설립됐거든요. 그러다가 2차 대전 이후 유엔이 창설되면서 국제노동기구가 그 아래로 들어갔죠.

1차 대전을 마무리하면서 노동기구를 만든 이유는 무엇이었을까요? 산업혁명으로 대량생산을 할 수 있게 되면서 자본가들은 돈을 벌어 새로운 지배계급으로 떠올랐습니다. 반면 노동자들이 일하는 환경은 말할 수 없이 열악했어요. 일하는 시간은 너무 길었고, 임금은 적었고, 위험한 작업을 하다가 다치거나 죽는 사람이 많았죠. 노동자들의 불만은 커져갔고, 사회주의자들도 늘어났어요. 러시아에서는 1917년 혁명이 일어나 사회주의 공화국이 탄생했어요. 1차 대전의 참화 속에서 노동문제를 중요한 이슈로 다루게 된 데에는 사회주의의 영향력이 커지지 않도록 노동 조건을 개선해야 한다는 정치적 판단도 있었습니다.

이렇게 탄생한 ILO는 노동과 관련된 국제 기준을 만들어요. ILO의 선언문들은 노동 현장과 정책의 지침서가 되지요. 예를 들어, 1944년 필라델피아 선언은 "노동은 상품이 아니다"라는 유명한 구절로 시작해 "일부의 빈곤은 전체의 번영을 위태롭게 한다"는 기본 원칙을 천명했습니다. 또, 1998년 '노동에서의 기본적 원칙과 권리에 관한 ILO 선언1998 Declaration on Fundamental Principles and Rights at Work'이 채택되면서 곧이어 ILO의 '핵심협약'들이 만들어졌어요. 여기에는 노동조합을 만들 권리인 '단결권'과 노동조합을 통해 회사 측과 협상할 권리인 '단체교섭권'이 명시되어 있습니다. 강제노동을 금지하고, 보수와 고용에서 차별을 금하며, 아동노동을 막는 내용들도 들어 있습니다. 한국은 1991년 ILO에 가입했어요.

2019년 발표된 '일의 미래를 위한 ILO 100주년 선언ILO Centenary Declaration for the Future of Work'에는 "빠르게 변화하는 노동 환경에서 일과 노동의 미래를 고민해야 하며, 그 방법은 인간 중심 접근법이어야 한다"고 명시합니다.

Q   #1차_대전_이후_설립 #필라델피아_선언 #노동과_관련한_기준 #핵심협약 #단결권_단체교섭권

포퓰리즘
민주주의와 뭐가 다를까?

최근 뉴스에 포퓰리즘이라는 정치적 현상이 종종 등장합니다. '민주주의'는 권력이 시민 다수에게서 나오는 정치체제를 말해요. 포퓰리즘populism의 어원도 비슷하죠. 라틴어로 포퓰루스populus는 민중, 대중이라는 뜻입니다. 포퓰리즘은 '대중의 뜻을 따르는 정치'를 가리켜요.

그렇다면 포퓰리즘이 민주주의와 뭐가 다르냐고요? 민주주의는 공동체를 위해 뭐가 좋은지를 고민하는 시민들이 정치적 결정을 내리는 것을 기본적인 전제로 삼아요. 하지만 모두가 '우리 사회에 장기적으로 어떤 것이 좋을까'를 깊이 고민하면서 투표를 하지는 않지요. 지금 나의 이익을 위해서 뭐가 좋을지만 생각하는 사람들이 어쩌면 더 많을지 몰라요. 그런데 정치인들이 당장 표를 얻기 위해, 대통령에 당선되기 위해 유권자들의 요구에만 끌려다닌다면? 혹은 자신에게 유리하도록 시민들 사이의 반감을 부추기거나 외국과의 갈등을 선동한다면 어떻게 될까요? 이렇게 국가의 미래가 아니라 정치인으로서 인기를 얻기 위해 합리적인 선택보다는 감정에 호소하고, 엘리트와 일반 국민의 대립을 부각시키는 것을 포퓰리즘 정치라고 불러요.

1930년대에 아르헨티나에서는 후안 페론Juan Perón이라는 좌파 대통령이 정권을 잡았어요. 그는 임금과 연금을 올리고 외국 자본을 몰아내는 '페론주의'로 인기를 끌었죠. 21세기에 들어와 베네수엘라에서 집권한 우고 차베스Hugo Chávez 대통령은 석유산업을 국가 소유로 만들어 그 수입으로 빈민을 돕고 교육을 늘리는 정책을 펼쳤습니다. 아르헨티나와 베네수엘라의 우파 그리고 미국은 이를 포퓰리즘이라 공격했어요.

근래 두드러진 것은 '우파 포퓰리즘'입니다. 영국에서 경제가 나빠진 것을 유럽연합 탓, 이주노동자 탓으로 돌리며 브렉시트를 추진한 것이나 미국에서 '중국 탓, 이주민 탓'을 하며 시민들의 갈등을 심화시킨 도널드 트럼프Donald Trump가 2016년 대통령에 당선된 것이 대표적인 예입니다.

유권자가 자신에게 더 이익이 되는 정책을 내세운 정치인을 지지하는 것은 당연한 일일 수 있어요. 하지만 적어도 정치인의 주장이 정확하고 합리적인 근거가 있는 것인지는 판단할 수 있어야겠지요.

문자 해독률
디지털 세계에서도
문자를 받아들이는 능력은 중요해

인간의 삶을 수치로 측정할 수 있을까요? 행복, 기쁨, 보람 같은 감정을 측정하는 것은 힘들겠죠. 하지만 살아가기 위해 기본적으로 필요한 것조차 갖추고 있지 않다면 삶의 만족도는 떨어질 거예요. 예를 들면 하루 세끼를 먹는 데에 필요한 돈, 아프면 갈 수 있는 병원, 난방과 전기……. 빈곤층의 삶이 더 나아지도록 만들기 위해 쓰이는 여러 지표들은 비록 숫자에 불과하다 해도 삶의 기본 요건들이 얼마나 충족되어 있는지를 보여줍니다. 다양한 지표 가운데 문자 해독률literacy rate은 국가나 지역의 교육 수준을 보여줘요. 읽고 쓰는 능력은 모든 복지의 기본적인 토대이기 때문에 무엇보다도 중요합니다.

유엔의 통계를 보면 전 세계의 15세 이상 성인 중에서 84% 정도가 글을 읽고 쓸 줄 압니다. 그러면 나머지 16%는 무엇을 의미할까요? 여전히 글을 읽고 쓰지 못하는 사람이 8억 명 가까이 된다는 이야기입니다. 이들 대부분은 사하라 사막 남쪽 아프리카를 비롯한 저개발국에 사는 사람들이에요. 그중 3분의 2가 여성입니다. 한국에서는 지나친 교육열과 입시 지옥이 문제이지만 글을 모르는 저개발국 사람들에게 교육은 생존의 문제입니다. 당장 엄마가 글자를 모르면 아이가 아플 때 약 한 번을 제대로 먹일 수 없잖아요. 저개발국 여성들에게 기초적인 읽기를 가르쳤더니 아기들의 사망률이 떨어졌다는 통계가 나왔어요. 문자 해독률을 높이는 것, 즉 기초적인 교육을 받을 수 있게 하는 것은 조금이라도 더 나은 일자리를 찾고 더 벌어 더 나은 삶을 살 수 있는 길을 열어주는 일입니다.

요즘엔 '문자'가 디지털 세계로 확장됐죠. 따라서 디지털 세상에 넘쳐나는 정보 가운데 꼭 필요한 것, 정확한 것들을 식별하여 선택하는 능력이 매우 중요해졌습니다. 최소한 가짜 뉴스를 구분할 수 있는 능력 정도는 갖춰야 하는 거죠. 그래서 '미디어' 앞에 글 읽는 능력을 가리키는 '리터러시'를 붙인 '미디어 리터러시 media literacy'라는 말도 등장했습니다. 하지만 정작 저개발국은 물론, 교육과 소득수준이 높은 나라들에서도 청소년들의 문장 이해력은 갈수록 떨어지고 있다는 조사 결과가 이어지는 현실입니다.

🔍 #교육수준 #읽기_교육과_아기들의_사망률 #디지털_세계로_확장된_문자 #미디어_리터러시

노벨 평화상
다이너마이트의 비극에서 시작된
평화의 메시지

알프레드 노벨Alfred Bernhard Nobel은 19세기 스웨덴의 기업가이자 발명가예요. 그는 일생 동안 355건의 특허를 냈을 정도로 과학에 많이 기여했습니다. 알프레드 노벨의 발명품 중에서 가장 유명한 것은 니트로글리세린nitroglycerin이라는 물질을 이용한 폭발물이에요. 이 폭발물의 이름은 다이너마이트dynamite입니다. 바위도 깨뜨리는 다이너마이트는 곧 전쟁에서 널리 쓰이게 되었어요. 다이너마이트로 인해 수많은 이들이 죽거나 다쳤어요. 비극을 절감한 노벨은 재산을 기부해 화학, 물리학, 생리학·의학, 문학, 경제학 그리고 평화까지 총 6개 분야에 기여한 사람들에게 주는 상을 만들었습니다. 이 상이 바로 노벨상입니다. 경제학상은 나중에 덧붙여졌지요.

노벨상 수상자는 스웨덴 왕립 아카데미에서 정하는데, 유독 노벨 평화상만은 노르웨이 노벨위원회Norwegian Nobel Committee에서 선정해요. 노벨이 남긴 유언을 따른 것인데요, 노벨이 살아 있던 시절에는 노르웨이가 스웨덴에 속해 있었기 때문이에요.

매년 10월 평화상 수상자가 발표됩니다. 2021년에는 권위적인 정권의 탄압을 받으면서도 시민들에게 진실을 알리려 애쓴 필리핀 언론인 마리아 레사Maria Ressa와 러시아 언론인 드미트리 무라토프Dmitry Muratov가 받았습니다. 한국에서는 민주주의와 평화를 위해 평생 헌신한 김대중 전 대통령이 2000년 이 상을 수상했죠. 역대 최연소 수상자는 파키스탄 소녀 말랄라 유사프자이Malala Yousafzai예요. 여성 교육에 반대하는 이슬람 극단세력의 총격을 받고 살아남은 이 소녀는 2014년 17세에 노벨 평화상을 받았습니다.

1901년, 노벨 평화상의 첫 번째 수상자는 국제적십자위원회를 세우고 국제 인권법의 모델이 된 '제네바 협약The Geneva Convention'을 제안한 스위스의 앙리 뒤낭Henry Dunant과 프랑스의 경제학자 겸 평화주의자 프레데리크 파시Frédéric Passy였습니다.

노벨평화상은 세계의 분쟁과 인권침해로 주의를 환기시키고 평화의 메시지를 던지는 의미 있는 상입니다. 하지만 도덕적으로 문제가 많은 인물들이 선정된 적도 있고, 국제적인 갈등을 부른 적도 있어요. 중국은 2010년 반체제 운동가 류샤오보刘晓波가 수상자로 선정되자 이에 반발해 노르웨이 연어 수입을 끊었습니다.

Q   #알프레드_노벨 #노벨상_6개_분야 #한국_수상자_김대중_대통령 #평화의_메시지

평화유지활동
평화의 파란 헬멧을 쓰고 활동하는 유엔 평화유지군

분쟁이 일어나면 가운데에서 누군가가 양측을 달래고 폭력 사태가 일어나거나 사이가 더 벌어지지 않도록 도와줘야겠죠. 그러려면 어느 한쪽에 치우치지 않는 중재자가 필요해요. 그래서 시작된 것이 유엔의 평화유지활동Peace Keeping Operation, PKO입니다.

1948년 팔레스타인 지역에서 유대인들과 아랍인들의 싸움이 벌어졌을 때 유엔이 처음으로 평화유지활동에 나섰습니다. 그 이래로 70여 년 동안 70여 가지 임무를 수행했어요. 유엔이 자체적으로 군대를 보유하고 있지는 않기 때문에, 안전보장이사회가 분쟁 상황을 검토해보고 개입하기로 결정하면 회원국들이 병력을 보내서 평화유지군Peace-keeping Forces, PKF을 구성해요. 125개국에서 100만 명 이상이 지금까지 평화유지 임무에 참여했어요.

미국과 소련을 중심으로 양대 진영이 강하게 대립하던 냉전

Q #중재지 #평화를_상징하는_파란색_헬멧 #블루헬멧 #무력을_쓰지_못하는_군대 #다국적군

시절에는 유엔이 끼어들 여지가 별로 없었어요. 도리어 냉전이
끝나고 곳곳에서 혼란과 유혈사태가 이어지면서 활동이 많아졌
지요. 2021년 현재 레바논, 코소보, 말리, 인도-파키스탄 접경지
대, 남수단 등 12개 곳에서 9만여 명이 활동을 펼치고 있습니다.

평화유지군은 서로 싸우던 집단들이 교전을 중단하고 평화
협상을 하는 과정, 무기를 내려놓게 하고 안정을 찾게 하는 과정
을 관리합니다. 지역의 치안을 유지하고, 의료를 지원하는 일도
해요. 평화를 상징하는 파란색 헬멧을 쓰고 현장에서 활동하기

때문에 '블루헬멧'이라고 부릅니다.

유엔 평화유지군은 이름에서 알 수 있듯 군대이긴 하지만 스스로를 보호하기 위해서가 아니라면 무력을 써서는 안 돼요. 그래서 실제로 분쟁을 막는 데에는 한계가 있다는 지적도 많죠. 또 평화유지군이 주둔 지역에서 여성들을 성폭행하거나 돈을 주고 성관계를 맺는 '성 매수'를 해서 문제가 된 적도 있습니다.

평화유지군과는 다르지만 유엔이 승인해서 '다국적군'을 구성하는 경우도 있어요. 이때에는 유엔이 아닌 참가국들이 파병 비용을 내며, 평화유지군과 달리 전투도 할 수 있습니다. 미국이 아프가니스탄을 침공한 후 유엔이 보낸 국제치안유지군International Security Assistance Force, ISAF이 그런 사례입니다.

한국은 1993년 소말리아에 상록수 부대를 파견한 것을 시작으로 1999년 동티모르, 2007년 레바논, 2010년 아이티, 2013년 남수단 등에서 평화유지활동을 해왔습니다. 평화를 유지하기 위해 활동하다 희생된 요원들도 많은데요, 1948년 이후 4000여 명이 순직했다고 합니다. 유엔은 세계의 분쟁지역에서 활동 중인 요원을 기억하기 위해 매년 5월 29일을 '유엔 평화유지요원의 날'로 지정했습니다.

팬데믹

세계가 하나 되니 전염병도 빨리, 더 멀리 번지네?

2019년 12월 말 중국에서 발병한 신종 코로나바이러스 감염증-19COVID-19은 불과 몇 달 만에 전 세계의 수많은 사람을 감염시켰습니다. 백신도 치료제도 없는 상황에서 전염병이 번지자 세계보건기구는 2020년 3월 팬데믹pandemic을 선언했죠. 팬데믹은 WHO가 정한 감염병의 6단계 가운데 최고 등급으로, 세계의 드넓은 지역에서 감염병이 크게 유행하는 상황을 가리킵니다.

WHO가 역사적으로 지금까지 팬데믹을 선언한 것은 단 3번이었습니다. 1968년 H3N2 인플루엔자 바이러스가 일으킨 홍콩 독감(H3N2), 2009년 신종플루(H1N1), 그리고 이번 코로나19이지요. WHO가 만들어지기 훨씬 전인 1919년에 '스페인 독감'이라고 불리는 인플루엔자가 세계에 퍼졌는데 홍콩 독감은 그보다는 덜 치명적이었지만 100만 명 가량의 목숨을 앗아갔다고 해요.

#WHO_팬데믹_선언 #코로나19 #3번의_팬데믹 #정부와_보건당국의_대응이_중요한_이유

팬데믹을 선언한다고 해서 전염병이 사라지지는 않습니다. 하지만 세계에 경보가 되지요. 이 경보를 바탕으로 각국 정부는 감염병이 번질 것에 대비하라, 국제사회가 협력해서 대응해야 한다는 메시지를 던질 수 있는 거예요.

팬데믹이 선언되지는 않았지만, 21세기에 들어 국가를 넘나 든 감염병은 여러 차례 찾아왔습니다. 2002년 첫 환자가 보고된 중증급성호흡기증후군Severe acute respiratory syndrome, 일명 사스SARS 는 홍콩, 대만, 캐나다, 한국 등으로 퍼졌습니다. 중동호흡기증후군Middle East respiratory syndrome인 메르스MERS는 중동과 북아프리카 일부 지역에서 나타났고 한국에도 유입됐어요. 2015년 당시, 유독 한국에서 많은 환자가 나왔습니다. 정부와 보건당국의 잘못된 대응이 그 원인이었죠.

세계가 통합되어 사람들의 이동이 늘면서 전염병이 점점 빨리 점점 넓은 지역으로 번지고 있습니다. 앞으로도 코로나19 같은 전염병들은 계속 나타날 거예요.

　사스와 코로나19는 모두 코로나바이러스 때문에 일어나는 질병입니다. 박쥐에서 바이러스가 진화해 인간 세상으로 넘어온 것으로 알려져 있죠. 과거엔 '야생'이던 지역들까지 개발되면서 야생동물과 사람 사이의 접촉이 늘어났습니다. 이에 동물에게만 있던 바이러스가 사람에게까지 넘어와 생기는 '인수人獸공통 전염병'이 더 많아질 것이라고 전문가들은 경고합니다.

세계보건기구에서 발령하는 전염병 경보는 6단계로 나뉩니다. 동물에 한정된 감염은 1단계, 동물 간 감염을 넘어 사람에 대한 감염이 이뤄지면 2단계, 사람들 사이의 감염은 3단계, 이 감염이 급속히 확산해 유행이 시작되는 초기는 4단계, 최소 2개국에서 감염이 유행하면 5단계입니다. 팬데믹은 최고위험등급인 6단계죠. 엔데믹endemic은 감기나 독감처럼 변이가 이뤄지고 감염이 되더라도 치명률이 낮아져 감염병이 풍토병화한 상태를 말합니다.

에이즈
예방과 치료가 가능한데도
감염자의 1/3이 치료받지 못한다고?

에이즈는 후천성면역결핍증후군Acquired Immunodeficiency Syndrome의 약자예요. '인간면역결핍바이러스Human immunodeficiency virus라는 바이러스에 감염되면 걸리는 질병이라 보통 HIV, AIDS라고 부르지요. 에이즈가 발병하면 사람 몸의 면역기능이 떨어져서 종양이 생기거나 다른 질병에 감염될 위험이 커집니다.

에이즈라는 질병이 처음 발견된 것은 1980년대였어요. 당시 미국과 캐나다의 동성애자 남성 가운데 감염자가 많아서 성소수자들의 질병이라는 오해를 사기도 했어요. 그러나 성적 정체성이나 성적 취향과 에이즈 감염 사이에는 연관 관계가 없습니다.

2019년 기준으로 세계에서 HIV에 감염된 채 살아가는 사람들은 3800만 명으로 추정됩니다. 한 해에 70만 명 가까운 이들이 에이즈와 관련된 질환으로 목숨을 잃습니다. 에이즈라는 질병이 알려진 이래로 발생한 감염자는 7600만 명에 이르고 사망자는 3300만 명에 달합니다.

에이즈를 일으키는 HIV는 성행위, 수혈, 주사 등을 통해 전파돼요. 임신한 엄마가 이 바이러스에 감염되 있으면 출산 때 아이에게 전달될 수도 있고요. 성관계를 할 때에 콘돔을 쓰고, 성매매에 관여하지 않는 것이 가장 분명한 예방법입니다.

에이즈를 '무시무시한 전염병'으로 아는 이들이 많지만, 에이즈는 예방이 가능하고 치료할 수 있는 질병이에요. '항레트로바이러스 치료제'라는 것을 이용한 치료법이 발전하면서 이제는 당장 목숨을 앗아가는 질병이 아니라 '관리'하면 되는 만성 질환으로 바뀌었지요. 유엔과 국제 보건의료기구들이 에이즈 예방과 퇴치에 적극 나서면서 해마다 새로 감염되는 사람 숫자는 줄어들고 있고 사망자도 감소하는 추세입니다. 그런데도 왜 그렇게 많은 이들이 숨지냐고요? 치료제를 구하기 힘든 사람들이 많기 때문입니다. 감염자의 절반 가까이가 아프리카에 살고 있고, 전체 감염자 중 3분의 1에 가까운 이들은 치료받지 못하는 실정이에요.

결국 약값이, 돈이 문제인 것이죠. 개발도상국들의 요구로 2001년 특허가 없이도 에이즈 치료제를 생산할 수 있도록 했습니다. 하지만 아직도 치료받지 못하고 숨져가는 이들이 많으니 안타까운 일입니다.

Q   #인간면역결핍바이러스 #면역기능_저하 #성_정체성과_관련_없어요 #예방과_치료가_가능해

세계보건기구 사무총장으로서 감염자에게 치료약을 적극적으로 공급하는 등 에이즈 퇴치에 힘쓴 인물, 고 이종욱 박사입니다. 한국인 최초로 선출직 유엔 전문 기구의 수장이 된 이 박사는 2003년 사무총장에 취임하면서 2005년까지 300만 명에게 에이즈 치료제를 공급하겠다는 '3 BY 5' 계획을 공표했죠. 실제론 100만 명 정도에게 약이 전해졌지만, 전 세계 사람들이 에이즈에 관심을 갖게 된 중요한 계기가 됐습니다.

080

식량안보

지구 한쪽에서는 남은 음식을 버리고, 다른 쪽 사람들은 굶어 죽어가요

한 국가의 안보를 지키려면 무엇이 중요할까요? 국방력도 중요하고 정보력도 중요합니다. 인구를 적정 수준으로 유지하는 것도 필요하고요, 식량도 빼놓을 수 없지요. 인구를 지탱할 식량을 확보하는 능력을 지니는 것을 '식량안보'라 해요. 1996년 세계식량정상회의에서는 식량안보를 "모든 사람이 언제든지 활동적이고 건강한 삶을 사는 데에 필요한 음식을 충분히 구할 수 있는 상태"라고 정의하였습니다.

해마다 지구상에서 버려지는 음식이 13억 톤에 이른다고 합니다. 부자 나라들은 물론이고, 중간 정도의 소득을 가진 국가에서도 고혈압과 당뇨 환자들이 점점 더 많이 늘어나고 있습니다. 비만 인구도 함께 증가하고 있고요. 열량을 너무 많이 섭취하는 것이 원인이 되어 일어나는 일입니다. 먹거리가 이렇게 풍부한 시기에 식량안보를 이야기하는 것이 조금 이상하게 들리시나요? 지구촌에는 여전히 영양 부족에 시달리는 인구가 2020년 기준으로 최대 8억 1000만 명에 이릅니다.

분쟁이 가장 큰 이유입니다. 세계 여러 지역들에 식량이 얼마나 모자라는지 평가하는 '통합 식량안보 단계분류Integrated Phase Classification, IPC'라는 프로그램이 있어요. 여기서 '식량 위기' 단계로 분류된 지역들은 대부분 아프리카의 소말리아, 남수단, 아시아의 아프가니스탄과 중동의 예멘처럼 분쟁이 일어난 곳들입니다.

반면 요즘에는 기후변화로 기상이변이 많아지고 있죠. 2020년 아프리카 동쪽 인도양의 섬나라 마다가스카르에서 기근이 일어났어요. 유엔은 이를 '세계 최초의 기후변화 기근'이라고 규정했습니다. 기후변화로 비가 적게 와서 농산물 수확량이 크게 줄어들었던 거죠.

2020년에는 코로나19 때문에 식량을 생산해서 유통시키는 과정이 원활하게 돌아가지 않았어요. 지구 한쪽에서는 팔리지 않은 먹거리를 땅에 파묻고, 다른 한쪽에서는 식량이 여느 때처럼 수입되지 않아 모자라는 일이 생겼습니다. 지구 전체의 식량 생산량이 적어서가 아니라 이처럼 사고파는 과정에서 균형이 깨지는 일이 많아요. 그래서 농산물 '자급률'을 올려야 한다고 말하는 이들이 많습니다. 외국에서 수입하는 식량에 지나치게 의존하면 식량안보를 지킬 수 없다고 보는 거죠.

🔍 #식량_확보_능력 #세계식량정상회의 #영양_과잉과_부족 #분쟁 #기후변화 #농산물_자급률

081

해적
바다의 도적들, 무엇을 노리는 걸까?

바다 위에서 다른 배를 공격해 물건을 약탈하는 사람들과 그 무리를 해적이라고 합니다. 해골에 칼과 삼지창 등이 그려진 위협적인 깃발을 달고 약탈할 대상을 찾아나서는 해적선. 옛날 옛적이야기 같다고요? 지금도 세계의 여러 바다에서 이런 해적들이 판을 치고 있답니다.

아프리카 동쪽에, 인도양 쪽으로 뿔처럼 툭 튀어나온 지역이 있어요. 소말리아 등이 있는 이 지역은 '아프리카의 뿔Horn of Africa'로 불립니다. 이곳 바로 옆에 아라비아반도가 있습니다. 아프리카의 뿔과 아라비아반도 사이의 아덴만Gulf of Aden은 유럽과 아시아를 오가는 배들이 많이 지나다니는 곳이에요. 이 길목이 해적이 자주 출몰하는 위험 지역이 된 것은 1990년대 후반부터입니다. 해적들은 주로 소형 고속정을 타고 큰 배를 공격한 뒤 화물과 선원을 인질로 잡고 몸값을 받아냅니다. 한국 어선과 화물선도 그런 공격을 받은 적이 있습니다. 그래서 청해부대가 파견돼 소말리아 해적 퇴치 임무에 참여해왔죠.

왜 소말리아에서 해적이 늘었을까요? 소말리아는 국토 대부분이 사막입니다. 농사를 지어 먹고살기가 힘들죠. 1990년대부터는 내전이 심해져서 사실상 정부가 없다시피 한 상황이 됐어요. 먹고살 길 없는 사람들은 해적질로 내몰렸습니다.

소말리아 부근뿐만 아니라, 아프리카 대륙의 서쪽 기니만Gulf of Guinea에도 몇 년 사이에 해적들이 늘어났어요. 이 지역에 있는 나이지리아는 세계적인 산유국입니다. 그래서 기니만에는 석유 수송선이 많이 오가요. 이 일대의 해적들은 유조선을 습격하는 일이 많아서 '페트로(석유) 해적petro-piracy'이라고불리기도 합니다.

아시아에서는 말레이시아와 인도네시아 사이 말라카 해협 Malacca Strait, 중남미에서는 카리브해와 베네수엘라 앞바다가 해적 공격이 많은 것으로 악명이 높습니다. 모두 화물선이 많이 다니는 길목이거나 석유 수출항이 가까운 곳들입니다. 해적을 막기 위해 국제사회가 계속 퇴치 작전을 벌이고 있지만 '땅 위의 혼란'과 가난이 해결되지 않는 한, 바다의 도적들을 없애기는 쉽지 않을 것 같습니다.

Q #해적이_소말리아에_많은_이유 #석유_수송선 #페트로_해적 #말라카_해협 #해적_퇴치_작전

유네스코 세계유산

눈에 보이지 않는 유산도 함께 보호해요

사람이 살아가는 데에는 의식주 말고도 여러 가지가 필요하죠. 교육도 받아야 하고, 문화도 즐겨야 하고요. 교육, 과학, 문화, 정보와 커뮤니케이션 분야에서 국가들이 잘 협력할 수 있도록 돕기 위해 만들어진 것이 유엔 교육과학문화기구 유네스코UNESCO랍니다.

　　1972년 이집트는 나일강에 '아스완 하이댐'이라는 거대한 댐을 짓기로 했어요. 이집트뿐 아니라 모든 인류의 유산인 고대 문명의 유적들이 물에 잠길 판이 됐어요. 이집트 정부는 유엔에 도움을 요청했고, 이를 계기로 유네스코는 인류 공동의 유산을 지키기 위한 사업을 시작합니다. 유엔과 미국 등이 돈을 내서 거대한 저수지에 가라앉을 뻔했던 아부 심벨Abu Simbel 신전을 비롯한 건축물들을 '구출'했어요. 건축물들을 잘라 다른 곳으로 옮겨 다

🔍　#유엔 #유네스코 #교육과학문화기구 #세계유산 #자연유산 #복합유산 #무형유산 #기록유산

시 조립해 맞추는 방법이 사용되었습니다.

유네스코는 아부 심벨처럼 인류가 함께 지켜가야 할 유산들을 '세계유산World Heritage'으로 지정해 보전을 돕습니다. 세계유산에는 유적, 건축물, 문화재적 가치를 지닌 장소 같은 문화유산도 있고 '자연유산'도 있어요. 멸종위기 동식물이나 지질학·생물학적으로 중요한 지형 등이 여기에 포함돼요. 이 두 가지 특성이 합처진 유산은 복합유산으로 분류합니다.

여기에 '무형유산'을 보호하기 위한 국제협약이 1989년 추가
됐어요. 눈에 보이는 건물이나 장소는 아니지만 공동체 안에서
전해오는 지식이나 기술, 예술 등이 여기에 속합니다. 한국의 김
장이나 이탈리아 나폴리의 피자 만드는 기술 같은 것이 대표적이
죠. 이 밖에 유네스코는 전쟁이나 사회적 변화로 사라질 위기에
처한 '기록유산'을 보호하는 작업도 해요.

한국에서는 2021년 현재 15개의 문화유산과 21개의 무형유
산, 16개의 기록유산이 등재됐습니다. 세계유산에는 조선왕릉,
갯벌, 고인돌, 제주의 화산섬과 용암동굴, 석굴암과 불국사, 종묘
등이 있고 무형유산으로는 김장, 김치, 농악, 씨름, 제주해녀문화,
종묘제례악 등이 있어요. 〈승정원일기〉〈난중일기〉〈조선왕조실
록〉〈동의보감〉 등 옛 문헌들을 비롯해 KBS〈이산가족을 찾습니
다〉특별생방송, 5·18 광주민주화운동 기록물 등도 세계기록유산
에 올라 있습니다.

한국전쟁으로 인해 가족과 생이별을 해야 했던 사람들은 헤어진 가족들의 생사
만이라도 확인하고 싶어 했죠. KBS 특별 생방송 〈이산가족을 찾습니다〉는 1983
년 6월부터 11월까지 453시간 45분 동안 생방송된 이산가족 찾기 프로그램입니
다. 모두 10만여 건의 사연이 접수됐고 그중 5만3000여 건이 방송에 소개돼 실
제 상봉은 1만여 건 가량 성사됐다고 합니다. 시청자들은 내 주변 이웃들이 가족
과 만나 눈물을 쏟는 모습에 아물지 않은 전쟁의 상처를 기억하며 아픔에 공감했
습니다.

083

개발원조
인권, 아동, 환경의 가치를 지켜가요

덜 발전한 나라들이 가난에서 벗어나 발전할 수 있도록 돕는 것을 국제개발협력이라고 부릅니다. 예를 들면 세계은행World Bank이 개발도상국에 이자를 저렴하게 받고 돈을 빌려주는 것도 국제개발협력의 일환입니다. 1944년 설립된 세계은행은 국제부흥개발은행International Bank for Reconstruction and Development, IBRD, 국제개발협회 International Development Association, IDA 등 5개의 기구로 구성되어 있습니다.

개발협력 가운데 공적개발원조Official Development Assistance, ODA는 각국 정부를 비롯한 공공기관이 개발도상국의 발전과 사회복지를 위해 해주는 원조를 가리키는 말이에요. 형태는 다양합니다. 개발이 늦은 나라의 중앙정부나 지방정부에 자금을 지원할 수도 있고, 국제기구에 돈을 낼 수도 있고, 기술이나 인력을 지원해줄 수도 있습니다. 냉전시대에는 이런 구호활동조차 체제 경쟁의 수단이 되기도 했어요. '내 편'으로 끌어들이고 싶은 나라에 지원을 몰아주거나, '내 편'이 되어주는 조건으로 도왔던 거죠. 그러나 냉전이 끝나고 세계화가 급격히 진행되면서 이제는 인권이나 아동, 환경 등의 가치가 구호개발의 중심적인 가치가 됐습니다. 유엔이나 각국 정부뿐 아니라 옥스팜Oxfam, 빌 앤드 멀린다 게이츠 재단Bill & Melinda Gates Foundation 같은 민간 기구들도 국제 구호활동을 활발하게 펼치고 있죠. 한국은 원조를 받는 나라에서 원조하는 나라로 바뀐 드문 사례에 속합니다.

반면 구호개발원조의 문제점을 지적하는 이들도 있어요. 독재 때문에 발전하지 못하는 나라에 돈을 줘서 오히려 독재정권을 돕는 결과를 가져오기도 하고, 부패가 심하고 행정력이 떨어지는 나라에 돈을 주다 보니 정작 실제로 도움이 필요한 이들에게 돌아가는 몫이 너무 적다는 문제가 생기거든요. 당장 먹을 것이 없는 사람들에게 식량을 주면 도움이 되기는 하겠지만 그 나라나 지역의 경제 자체가 발전하도록 하는 데에는 큰 도움이 되지 않을 수도 있고요. 장기적으로 보면 발전에 필요한 교육이나 인프라에 투자할 수 있도록 관리하고, 개발원조 프로그램에서 현지 주민들의 의견이 반영되게 하는 것이 필요합니다.

Q   #공적개발원조_ODA #체제_경쟁 #구호개발의_가치 #민간_국제구호기구 #개발원조의_한계

084

기후변화
날씨와 기후는 뭐가 달라요?
인류의 위기가 된 기후재앙

우리는 매일의 기온과 습도, 바람을 '날씨'라 부르죠. '기후'는 수십 년 동안 그 지역의 날씨가 대체로 어땠냐를 가리키는 말입니다. 날씨가 쌓이고 쌓여서 만들어진 평균이 기후라고 이해하면 쉽겠네요. 대체로 오랜 기간 비슷한 상태로 이어진 기후가 통계상 차이가 크게 느껴질 만큼 달라지는 것을 '기후변화'라고 합니다. 약 6500만 년 전에 소행성이 지구에 충돌해 부서지면서 엄청난 흙먼지가 대기권을 덮었고, 이 때문에 햇빛이 덜 들어와 지구가 몹시 추워졌다고 하죠. 공룡들이 멸종된 이유를 이 기후변화에서 찾는 학자들도 많습니다. 그런가 하면 1883년에는 인도네시아의 크라카타우Krakatau 화산이 폭발해 화산재가 드넓은 지역을 덮었고, 지구 반대편에서 보는 노을빛도 더 빨갛게 변했을 정도라고 합니다.

산업혁명 이후로는 이런 자연현상이 아니라 인간의 활동이 기후에 영향을 미치기 시작했어요. 석탄과 석유처럼 동식물이 썩어 만들어진 '화석연료'를 많이 태우면서 이산화탄소 같은 온실가스가 대기 중으로 많이 뿜어져 나온 거예요. 이산화탄소나 메탄 같은 기체는 태양에서 오는 복사에너지를 통과시키지만 지구에서 나가는 지구복사열은 흡수해요. 그래서 온실의 유리 지붕처럼 지구 대기의 온도를 높인다 해서 온실가스로 불려요. 온실가스가 늘면서 지구의 온도는 산업혁명 이후로 1도 가까이 올라갔어요. 빙하가 녹으면서 바닷물의 높이도 올라가 해수면이 상승하고 있습니다. 이런 변화를 '지구온난화global warming'라고 합니다. 지구온난화로 인한 변화는 지역 또는 계절에 따라 다르기 때문에 요즘에는 '기후변화'라는 말을 주로 쓰지요.

이제는 세계 곳곳에서 기후변화가 재앙을 불러오는 것을 볼 수 있습니다. 얼음땅이던 시베리아에 산불이 이어지고, 아시아와 유럽과 북미 여러 곳에서는 갈수록 폭염이 심해집니다. 겨울에는 반대로 기온이 기록적으로 떨어지고, 태풍과 허리케인의 강도가 세지고, 홍수가 늘어나는 식입니다. 재난 수준으로 치닫는 기후변화를 두고 이제는 '기후 위기' '기후 재앙'이라는 표현을 쓰는 사람들이 늘고 있습니다. 그만큼 기후변화는 인류의 위기이자 재앙이 된 셈이에요.

#날씨와_기후의_차이 #화석연료_연소 #지구온난화 #온실가스 #기후재앙 #민류의_위기

085

파리 협약

일단 행동하기 시작하면,
희망이 찾아올 거예요

인간이 만든 기후변화의 피해를 줄이려면, 인간이 행동 방식을 바꾸는 수밖에 없습니다. 게다가 기후변화는 어느 한 나라, 한 세대만의 문제가 아닙니다. 지구 전체의 온도가 오르고 극단적인 기상 현상이 계속되면 인류의 삶 전체가, 미래세대가 위협을 받습니다. 그렇기에 이 문제는 모든 나라가 힘을 합쳐 해결해야 하죠.

이에, 세계가 머리를 맞대기 시작한 것이 1980년대 후반이었어요. 세계기상기구World Meteorological Organization, WMO와 유엔환경계획UN Environment Programme, UNEP이 함께 유엔 산하에 '기후변화에 관한 정부간 협의체Intergovernmental Panel on Climate Change, IPCC'를 만들어서 세계 각국의 기후학자들과 전문가들을 모았어요. 이후 IPCC는 몇 년에 한 번씩 세계의 기후변화 상황을 점검하고 기후변화를 누그러뜨릴 방안을 검토해요. IPCC의 보고서는 세계 기후를 평가한 가장 신뢰할 만한 자료로 평가받지요. IPCC의 보고서를 바탕으로 세계적인 대응의 틀을 정한 '기후변화협약'을 만듭니다.

1992년 브라질 리우데자네이루에서 세계 각국 정상들과 민간 단체가 모여 지구 환경에을 보전하기 위해 논의한 '지구정상회의Earth Summit'는 글로벌 기후대응의 출발점으로 꼽혀요. 1990년의 보고서를 바탕으로 '기후변화에 관한 유엔 기본협약United Nations Framework Convention on Climate Change, UNFCCC'이 처음 탄생했죠. 이 때에 이산화탄소 등 온실가스 배출을 제한하자는 약속과 정책이 시작된 겁니다.

각국이 기후변화협약을 얼마나 잘 지켰는지 평가하기 위해 협약을 채택한 나라들이 모이는 것을 당사국총회Conference of the Parties, COP라고 해요. 1997년 일본 교토에서 열린 3차 당사국총회에서는 "2008년부터 2012년까지 발전된 나라들의 온실가스 배출량을 1990년보다 5% 줄인다"는 목표를 정한 '교토 의정서Kyoto Protocol'를 채택했습니다. 산업을 발전시킬 필요가 있는 개발도상국들에게는 의무를 면제해줬어요. 그래서 중국이나 인도처럼 온실가스를 많이 내뿜는 나라들이 빠졌고, 온실가스 배출량 1위인 미국도 협약을 거부했기 때문에 효과가 적었습니다.

교토의정서의 효력은 2020년 끝났고, 2015년 프랑스 파리에서 채택된 새 기후변화협약인 '파리 협약Paris Agreement'은 195개 회원국들이 모두 온실가스를 감축하도록 했어요. 산업화 이전

Q   #미래세대의_위협 #글로벌_기후대응 #온실가스_감축 #탄소_배출량_제로 #그레타_툰베리

과 비교해서 지구의 평균기온이 1.5도 이상 올라가지 않도록 하는 것을 목표로 삼았습니다. 그러려면 탄소 배출량을 줄이거나, 혹은 탄소를 배출하는 만큼의 부작용을 '상쇄'할 수 있도록 나무를 더 심어야겠지요. 이렇게 플러스, 마이너스를 합하여 탄소 배출량이 0이 되도록 하는 것을 '탄소중립'이라고 불러요. 미국과 유럽연합, 일본, 한국 등은 2050년 탄소중립을 이루는 것을 목표로 선언했습니다. 중국은 2060년에 탄소중립을 이룰 것을 약속했어요. 스웨덴 환경운동가 그레타 툰베리Greta Thunberg와 환경단체들은 "미래세대를 위해 기후변화를 줄이기에는 정부들과 기업가들, 힘 있는 이들의 노력이 턱없이 부족하다"고 지적합니다.

2016년 영국의 한 비정부 기후연구단체가 한국을 '기후악당climate villain'으로 지목한 적이 있어요. 화석연료 사용 등으로 인해 1인당 온실가스 배출 증가율이 높기 때문이었죠. 환경단체 그린피스에 따르면 한국의 1인당 온실가스 배출량은 1990년 약 6.8톤에서 2018년에는 그 두배가 넘는 14.1톤으로 늘었다고 합니다. 정부는 2050년까지 탄소중립을 목표로 내세웠지만, 1.5도 목표를 지키기엔 역부족일 것이라는 국내외의 관측이 나오고 있는 상황입니다.

086

생물 다양성

저마다의 모습으로 존재하는 생태계, 누구도 아닌 우리를 위해 필요해요

지구에는 숲도 있고 바다도 있고 사막도 있고 늪도 있지요. 더운 곳, 추운 곳, 건조한 곳, 이렇게 다양한 환경에서 온갖 종류의 생물이 살아가요. 세계의 생물종은 1500만 종이 넘는다고 합니다. 눈에 보이지 않는 미생물도 많고 아직 인류가 발견하지 못한 종도 많을 거예요. 생물종이 1억 종류가 넘을 거라고 보는 전문가들도 있답니다!

'생물 다양성biodiversity', 혹은 '종種 다양성'은 지구에 있는 모든 생물 종의 다양성, 유전 다양성, 생태계의 다양성을 모두 포함하는 총체적인 다양성을 뜻합니다. 여러 종의 생물이 존재하고, 한 종 안에서도 다양한 유전적 변이가 이어집니다. 이들이 살아갈 생태계도 저마다의 모습으로 존재할 때 생물 다양성이 보존되고 있다고 말할 수 있지요.

Q #종_다양성 #무분별한_개발과_포획 #세계_멸종위기종 #레드_리스트 #자연은_빌려_쓰는_것

생물 다양성이 중요한 이유는 무엇일까요? 우리가 먹는 음식, 의약품 등은 다양한 동물과 식물, 미생물로부터 옵니다. 습지나 바다, 열대 우림은 환경오염물질을 정화하는 자연적 필터예요. 생물 다양성은 인간의 활동으로 감소하고 있어요. 쉽게 말하면 멸종하는 생물들이 늘어나는 거예요. 기후변화도 하나의 원인이고, 무분별한 개발과 포획도 생물 다양성이 줄어드는 이유입니다. 국제자연보전연맹International Union for Conservation of Nature, IUCN은 유엔의 지원을 받아 세계의 멸종위기종 목록을 만들고 있어요. 이 목록을 '레드 리스트Red List'라고 부릅니다. 현재 2만 8500종이 멸종위기에 처한 생물종으로 기록되어 있습니다. 흔하게 듣던 늑대나 바다사자, 반달가슴곰, 두루미와 맹꽁이, 남생이도 멸종될 위기라는 사실을 아시나요? 포유류의 26%, 양서류의 41%, 조류의 14%가 멸종위기종 목록에 올라 있대요.

자연은 '빌려 쓰는 것'이라고들 말합니다. 미래세대로부터, 그리고 인간이 아닌 다른 생물들로부터 말이죠. 생물 다양성은 다른 누구도 아닌 우리를 위해 필요한 것이랍니다.

생물 가운데 지리적으로 한정된 지역에서만 서식하는 생물을 통틀어 고유종이라고 부릅니다. 각 지역 또는 국가마다 고유한 생물종이 있죠. 한반도도 마찬가지입니다. 현재 한반도 고유종은 포유류, 조류, 양서류, 식물류, 곤충류 등 2200여종에 이릅니다. 참다슬기와 백두하루살이, 낙동털깨알소금쟁이 등이 그러합니다. 이름도 참 재미있지요? 한국은 멸종위기 야생생물, 보호대상 해양생물 등을 국가보호종으로 지정해 보호하고 있습니다.

087

사막화
사막에서 불어온 모래폭풍, 지구를 덮다

숲을 없애거나 개간하면 흙을 붙잡고 있던 풀과 나무가 없어집니다. 그래서 땅 위를 덮고 있던 표토층이 물에 씻겨 내려가거나 바람에 날아가 침식돼요. 그래서 땅이 사막처럼 건조해지는 것, 사막이 점점 더 넓어지는 것을 사막화desertification라고 합니다. 기후변화로 가뭄이 드는 일이 많아지면서 세계적으로 사막화가 일어나는 지역이 점점 늘어나고 있어요.

사막화는 사람들에게 어떤 영향을 미칠까요? 우선, 농사를 지을 수 없는 땅, 가축을 키우기 어려운 땅이 늘어나요. 사막화는 모래바람을 일으키기도 합니다. 계절풍을 타고 중국과 몽골 사막의 모래가 한국까지 오는 것을 황사黃砂라고 불러요. 중국에서 사막화가 심해진 탓에 황사도 심각해졌습니다. 사막화가 무서운 속도로 진행되면서 현재 중국 땅의 3분의 1이 사막이나 건조지대로 변하고 있다는군요.

세계에서 제일 큰 사막은 아프리카 북부의 사하라Sahara 사막이죠. 사하라 사막에서 발생한 모래폭풍은 아프리카 서부에서 대서양을 건너 미국 플로리다와 카리브해에 도달할 정도라고 합니다. 아프리카 수단은 사하라 동쪽 지역에 위치합니다. 수단의 다르푸르Darfur라는 곳에서는 1970년대 이후로 가뭄과 사막화가 심해졌어요. 건조한 초원에서 가축을 키우며 살던 무슬림 유목민들이 목초지를 찾아 이동하면서 정주민들과 물을 둘러싼 충돌이 거세졌습니다. 다르푸르에서는 2000년대에 극심한 유혈 사태가 벌어져 수십만 명이 사망했어요. 그 주된 이유가 사막화라는 말도 나옵니다.

사막화는 이처럼 수많은 이들의 생존권을 위협하고 이동을 불러 갈등을 일으킬 수 있어요. 사막화의 영향을 더욱 직접적으로 받는 건조지대에 사는 사람은 20억 명에 달합니다. 2030년까지 그중 5000만 명이 삶의 터전을 잃을 수 있다고 전문가들은 예측합니다. 기후변화가 이대로 지속되면 2050년까지 지구표면의 34%가 사막화할 것이라는 분석도 나왔습니다. 그래서 이런 일을 막으려고 1994년 사막화방지협약United Nations Convention to Combat Desertification, UNCCD이 체결되었어요. 국제적인 노력으로 사막화를 방지해보려는 거예요. 한국이 중국과 몽골 사막의 나무심기를 지원하는 것도 사막화를 막기 위한 노력 중 하나랍니다.

🔍 #사막처럼_건조한_지역이_늘어나 #가뭄 #황사 #사하라_사막 #다르푸르 #사막화방지협약

재생가능에너지
햇빛, 바람, 파도의 힘으로
에너지를 만들어요

온몸의 기운이 다 떨어지면, 우리는 '에너지를 다 썼다'고 표현합니다. 석탄이나 석유를 태워 만든 전기에너지는 어떨까요? 에너지를 생산하는 데에 필요한 연료가 떨어지면 에너지도 사라지겠죠. 석탄이나 석유, 천연가스 같은 화석연료는 총량이 정해져 있기 때문에 아무리 채굴하는 기술을 발전시킨다 해도 언젠가는 바닥이 날 거예요. 몽땅 사라지지는 않더라도 파내는 비용이 에너지를 생산해서 버는 돈보다 적어지면 채굴이 중단되겠지요.

햇빛이나 바람처럼 닳아 없어지지 않는 에너지원이 있어요. 이런 에너지원을 이용해서 생산한 에너지를 재생가능에너지renewable energy, 줄여서 재생에너지라 부릅니다. 태양열과 태양광, 풍력, 지열地熱, 파도나 밀물-썰물의 힘을 이용한 조력潮力 에너지 같은 것들이죠. 태양이 빛나는 한 태양 에너지는 끝없이 지구로 들어옵니다. 태양의 열이나 빛을 저장해 전기로 전환할 수 있어요. 바람으로 터빈을 돌려 전기로 바꾸는 풍력 발전, 지구 내부의 열 혹은 뜨거운 지하수를 이용한 지열 발전은 바람이 불고 지구가 존재하는 한 에너지원이 바닥나지 않습니다.

'바이오매스biomass'라는 것도 있어요. 바이오매스는 태양 에너지를 흡수해 광합성하는 식물과 미생물, 그것들을 먹은 동물로부터 나오는 물질 전체를 의미합니다. 바이오매스에서 나오는 열이나 기름을 가지고도 에너지를 만들 수 있어요.

재생에너지는 고갈되지 않는다는 이점도 있지만 화석연료처럼 온실가스를 많이 내뿜지 않아 기후변화를 줄일 수 있다는 점에서도 의미가 큽니다. 노르웨이, 브라질, 뉴질랜드, 캐나다 등은 화석연료가 아닌 재생에너지 사용 비율이 높은 나라들입니다. 하지만 아직도 전 세계 에너지의 약 80%는 화석연료에서 나오고 있어요.

화석연료를 줄이려면 핵 발전소를 지어야 한다고 하는 사람들도 있습니다. 핵 발전소 자체에서는 온실가스가 덜 나올지 몰라도, 그 원료인 우라늄을 생산해서 수송하는 과정에서 적지 않은 이산화탄소가 나옵니다. 무엇보다 핵을 다루다 사고가 나면 엄청난 피해가 일어날 수 있어요. 방사능 핵폐기물을 어떻게 처리할 것인지에 대해서는 아직 명쾌한 해답도 없으니 핵을 친환경 에너지라고 보기는 힘들겠지요.

#전기_에너지 #태양열_태양광_풍력_지열_조력 #핵_발전소 #핵폐기물 #우라늄

그린 뉴딜
미래 경제의 키워드는 '녹색'

앞에서 대공황 시기에 미국 정부가 펼친 '뉴딜 정책'에 대해 설명 했지요. 요즘 뉴스에 이 '뉴딜' 앞에 '녹색'을 붙인 '그린 뉴딜Green New Deal'이 종종 나옵니다. 기후변화에 대응해 친환경 신·재생에 너지 산업을 키울 기본 인프라를 만들고, 에너지 구조를 바꾸는 한편 그 산업에서 고용까지 창출하자는 정책 구상을 그린 뉴딜이 라고 합니다. 환경적 차원에서는 기후변화에 대응하고 경제적 차 원에서는 앞으로 지속 가능한 체제를 구축함으로써 일자리도 늘 리고 복지도 확장하자는 커다란 구상이지요.

여러 국가들이 앞다투어 그린 뉴딜 정책을 발표하고 있습니 다. 유럽연합 집행위원회는 에너지, 건축, 수송, 생물 다양성 등 의 분야에서 2050년까지 탄소중립을 이루겠다는 구상을 밝혔습 니다. '재생에너지 사용을 늘리고 에너지 효율을 높이자' '철강 과 시멘트 같은 에너지를 많이 쓰는 산업도 보다 지속 가능한 방 향으로 전환하자' '농장에서 소비자에게까지 과정에서 포장재를 줄이자' 등을 들 수 있습니다.

온실가스 배출 2위 국가 미국은 도널드 트럼프 전 대통령 시절 파리 협약을 탈퇴하는 등 기후변화 대응에 소극적인 입장이었습니다. 그린 뉴딜과 관련한 논의도 트럼프 전 대통령이 속한 공화당이 아니라 주로 민주당을 중심으로 이뤄져왔고요. 그러다 2020년 대선으로 정권이 교체되면서 관련 정책이 힘을 받고 있습니다. 조 바이든 대통령은 파리 협약에 재가입했고, 2050년까지 탄소배출량 0, 앞에서 이야기했던 온실가스 배출과 흡수가 균형에 이른 상태인 넷제로Net-zero를 목표로 삼았습니다. 녹색산업, 녹색인프라, 녹색일자리에 예산을 투입해 환경도 보호하고 경제 문제도 해결하겠다는 거죠. 개별 주 차원에서도 풍력이나 태양광 발전 확대, 수소 자동차 보급 등 탄소중립을 위한 정책이 시행되고 있고요.

세계 최대 탄소배출국인 중국은 구체적인 그린 뉴딜 정책을 내놓지는 않았어요. 하지만 그린 뉴딜로 전환되는 유럽과 미국이 중국의 큰 시장인 만큼 변화에 발맞춰야 할 필요성을 인식하는 분위기입니다.

Q #녹색 #지속_가능한_에너지 #세계_최대_탄소배출국은_어디일까 #녹색일자리 #수소차

복제 양 돌리
멸종위기종도 과학의 힘으로
다시 태어날 수 있을까?

정자와 난자가 만나서 '수정'이 되면 생명체가 태어나죠. 두 가지 성으로 구성된 생물종들은 모두 이러한 방식으로 번식합니다. 그런데 1996년, 영국 로슬린 연구소Roslin Institute의 이언 윌머트Ian Wilmut 박사가 이끄는 연구팀이 부모가 없는 양을 탄생시켰다고 발표했어요.

연구팀은 어미 양의 체세포에서 유전 정보가 담긴 '핵'을 빼낸 뒤에, 미리 핵을 제거해놓은 난자에다가 핵을 집어넣어서 수정란을 만들었어요. 수정란을 '대리모'인 양의 몸에 넣어서 자라게 한 것이죠. 그렇게 태어난 양의 이름은 돌리Dolly, '세상에서 가장 유명한 양'이라 불리는 사상 최초의 복제 포유류입니다.

부모의 유전자가 섞여 있는 보통의 동물과 달리 돌리에게는 핵의 주인인 어미 양의 유전자만 있어요. 유전 정보가 어미와 똑같기 때문에 복제clone라고 하는 것입니다. 돌리의 탄생은 세계에 일파만파를 일으켰어요. 생명의 신비를 깨뜨린 것이다, 인간이

신의 영역에 도전했다, 이러다가 복제 인간이 나오는 것 아니냐며 시끌시끌했지요. 돌리는 6살이던 2003년에 죽었어요. 그 사이 거센 논란에 휩싸인 월머트 박사는 "인간 복제에 반대한다"는 입장을 밝혀야 했지요.

돌리 이후에 고양이, 돼지, 소, 노새, 쥐, 말, 원숭이 등등 숱한 동물이 복제됐습니다. 개는 한국에서 2005년에 처음으로 복제됐고요. 동물 복제는 생명의 윤리를 거스르는 것이라며 반감을 가진 사람들도 적지 않습니다. 하지만 멸종위기종을 번식시키거나 이미 멸종된 생물종을 살려내는 데에 활용할 수도 있을 것입니다. 미국 들소의 일종인 가우르, 동남아 들소인 반텅, 피레네영양 등 동물의 조직에서 생명체를 복제하는 연구가 이미 진행됐습니다만 아직 성공적이진 않아요. 하지만 미래엔 시베리아에 얼어붙어 있는 매머드에서 유전자를 복제해 재탄생시키는 일이 가능해질지도 모르죠.

동물 조직을 복제해 치료용 장기를 생산하거나, 먹거리용 고기를 실험실에서 만들어내는 연구는 이미 많이 진척됐어요. 결국 새로운 기술을 모두에게 이롭게끔 이용하느냐, 인류를 위협하는 기술로 쓰느냐는 인간에게 달린 문제입니다.

Q #최초의_복제_포유류_돌리 #인간_복제 #생명윤리 #논란 #멸종위기종_재탄생_가능할까

유전 공학
과학기술의 발전,
그에 따른 법과 윤리가 필요해

2018년 중국, 한 과학자가 인체면역결핍바이러스HIV에 감염된 부모에게서 태어났어도 에이즈에 걸리지 않도록 유전자를 '편집'한 아기가 탄생했다고 발표했습니다. 프랑스와 미국 과학자가 '크리스퍼CRISPR'라는 도구를 가지고 유전자 안에 있는 정보를 잘라낸 뒤 효소를 이용해서 유전자 속 다른 지점에 붙이는 기술을 개발했는데요. 중국 과학자가 이를 이용해서 인간 유전자를 편집한 거죠.

2003년에 세계의 과학자들이 협력해서 '인간 게놈 프로젝트 Human Genome Project, HGP'라는 이름으로 인간의 '유전자 지도'를 모두 분석하는 데에 성공했습니다. 그러나 아직 과학자들은 인간의 어떤 유전자가 어떠한 역할을 하는지 완전히 밝혀내지 못했어요. 지금까지 알아낸 것은 유전자가 하는 역할 가운데 극히 일부에 불과해요. 중국에서 태어난 아기에게 예상치 못한 어떤 질환이 생길지 모르는 것이라, 이 과학자에게 비난이 쏟아졌습니다.

유전 공학Genetic engineering은 이렇게 유전자를 편집, 복제하거나 변형시키는 기술입니다. 이런 기술로 생산된 동식물을 유전자 변형genetically modified, GM 동식물이라 부르기도 하지요. 곡물의 생산량을 늘리거나 병충해를 줄이기 위해, 소가 우유를 더 많이 생산하도록 하기 위해, 목화가 흰색이 아닌 색색의 솜꽃을 피우도록 하기 위해, 돼지에게서 사람에게 이식할 수 있는 인공 장기를 만들어내기 위해 과학자들은 유전 공학 연구를 계속하고 있습니다. 유전 공학에 돈을 투자한 기업들도 많고요.

하지만 복제양 돌리에 대한 반응에서 볼 수 있었듯, 유전자를 인공적으로 조작하는 것을 걱정하는 이들이 많아요. 머리가 더 좋아지도록, 혹은 키가 더 커지도록 유전자를 변형시킨 아이를 낳으려 한다면? 돈 많은 사람들이 유전자를 '쇼핑'하듯 골라 아이를 낳는다면? 사람과 동물의 유전자가 뒤섞인 생명체가 탄생한다면? 공상 과학 영화에서나 나올 법한 이야기죠? 하지만 공학 기술은 숨 돌릴 틈 없이 빠르게 발전하고 있어요. 그에 비하면 법규는 한참 뒤처져 있고요. 그래서 시민들의 감시, 투명한 절차, 윤리적인 기준이 필요하다는 지적이 많이 나옵니다.

Q #유전자_편집 #크리스퍼 #인간_게놈_프로젝트 #유전자_지도 #유전자_변형 #윤리적_기준_마련

미세먼지
맑고 푸른 하늘을 가린
대기 오염 물질

"매년 세계에서 700만 명이 이것 때문에 원래 살 수 있었던 것보다 일찍 사망합니다."

'이것'은 무엇일까요. 암? 전염병? 정답은 대기 오염입니다. 세계보건기구는 대기 오염 때문에 '조기 사망'하는 사람이 흡연으로 숨지는 사람보다 많다고 말합니다.

대기 오염은 사람이 배출한 물질이 대기 중에 퍼져서 인간이나 동식물에게 해를 끼치는 것을 가리켜요. 자동차나 공장에서 내뿜는 매연이나 먼지, 가스 등이 대표적이죠. 1952년 영국 런던에서는 엄청난 대기 오염으로 1만 명 이상이 숨지는 재난이 일어났어요. '런던 대大 스모그Great Smog'라 불린 사건입니다. 스모그는 연기smoke와 안개fog의 합성어로, 안개처럼 하늘을 덮은 오염 물질을 가리켜요.

대기를 뿌옇게 만드는 먼지 중에서 지름이 10μm(마이크로미터) 이하인 것을 미세먼지, 지름이 2.5μm 이하인 것을 초미세먼지라고 부릅니다. 마이크로미터는 100만 분의 1m에 해당하는 작은 단위예요. 미세먼지는 너무 작아서 사람 몸에 들어와도 코 점막에서 걸러지지 않아요. 계속 흡입하면 심혈관 질환이나 폐 질환이 생길 수 있어요. 한국에서도 미세먼지에 대한 경계심이 높아지면서 기상청에서는 날마다 공기 질이 어떤지 관측하여 미세먼지 농도를 '좋음' '나쁨' 등으로 예보하고 미세먼지가 많을 때에는 미세먼지 경보를 내립니다. 한국 미세먼지의 약 절반은 한국에서, 약 절반은 중국에서 생성되는 것으로 추정돼요. 대기가 흐르지 않고 정체되어 바람이 적게 불면 미세먼지의 농도가 높아집니다.

인도는 공기의 질이 나쁘기로 세계에서도 손꼽히는 나라입니다. 공장과 발전소, 자동차 등에서 배출되는 물질 이외에도 농민들이 추수를 한 뒤 남은 벼를 태워 발생하는 연기가 많다고 합니다. '세계의 공장'으로 불리는 중국의 대기 오염도 심한데, 이 때문에 도시가 멈추고 산업 활동에 지장을 받는 일이 늘자 요즘에는 중국 당국이 강도 높게 단속하고 있지요.

세계보건기구는 2021년 미세먼지와 초미세먼지 등 대기오염물질의 권고 기준을 강화한 '대기질 가이드라인Air quality guidelines, AQG'을 발표했습니다. 대기오염물질이 인체에 악영향을 끼치는 만큼 관리 기준을 더욱 높인 것이죠.

🔍 #스모그 #초미세먼지 #미세먼지_경보 #마이크로미터는_100만분의_1미터 #대기질_가이드라인

해양쓰레기
누구의 것도 아닌 우리의 바다,
우리의 지구를 뒤덮은 쓰레기

혹시 코에 빨대가 꽂힌 거북이 사진을 본 적 있나요? 사람이 쓰고 버린 빨대가 흐르고 흘러 바다로 가서 거북이의 코 속에 들어간 거예요. 환경 활동가들이 고통스러워하는 거북이의 코에서 빨대를 힘겹게 빼내주는 동영상을 인터넷에서 볼 수 있습니다. 빨대뿐만이 아니에요. 그물에 걸려 발버둥치는 거북이, 해파리인 줄 알고 비닐봉지를 삼킨 물고기, 플라스틱 조각들로 가득한 바닷새의 뱃속⋯⋯.

땅에서 모은 쓰레기는 태우거나 흙 속에 묻습니다. 일부는 재활용하고요. 하지만 바다에서는 어떡할까요? 땅과 인접한 해변도 아니고 머나먼 대양으로 떠내려간 쓰레기는요? 땅에서 강을 타고 흘러갔거나 바다에 버려진 해양쓰레기 문제가 갈수록 심각해지고 있어요. 바닷물 위에 떠 있으면 부유쓰레기, 해변을 따라 퍼져 있으면 해안쓰레기, 바닥에 가라앉으면 침적쓰레기 등으로 분류되지만 본질은 다 똑같은 쓰레기입니다.

특히 짧은 시간 안에 분해되지 않는 썩지 않는 비닐을 비롯한 플라스틱은 오랜 세월 바다를 떠돌게 됩니다. 그러다가 햇빛과 바람에 으깨어져 작은 알갱이가 돼요. 지름이 5mm 이하인 이런 알갱이들을 미세플라스틱Microplastics이라 불러요. 세계의 바다에 퍼져 있는 미세플라스틱 알갱이는 15조~51조 개에 이르고 그 무게를 합치면 9만 톤에서 24만 톤에 달할 것이라는 추정치도 있습니다. 미세플라스틱을 비롯한 해양쓰레기들은 자연히 해양 동물들의 뱃속으로도 들어갑니다. 그 미세플라스틱 가운데 일부는 생선을 먹은 사람들의 몸으로도 옮겨오고요.

태평양에는 바다를 둥둥 떠다니는 쓰레기 섬도 있어요. 태평양 거대 쓰레기 지대Great Pacific Garbage Patch가 바로 그것입니다. 섬처럼 커다란 크기의 쓰레기 더미가 태평양의 해류를 따라 떠도는 모습은 가히 상상을 초월합니다. 1972년 체결된 '런던협약London Convention'을 비롯해 바다의 쓰레기를 줄이기 위한 국제적인 노력들이 있기는 했습니다. 그러나 누구의 바다도 아닌 '공해公海'라 책임 소재가 확실하지 않은 데다 뭍에 있는 사람들의 눈에 보이지 않는다는 이유로 해결되지 않고 있네요.

Q   #바다_생물의_고통 #미세플라스틱 #태평양_쓰레기섬 #우리가_버린_쓰레기는_어디로_갈까

메가시티
과학도시, 시민자치도시, 친환경도시…
어떤 동네를 만들고 싶나요?

서울에는 약 1000만 명의 사람이 삽니다. 605km², 한국 면적의
0.3%에 불과한 땅에 인구의 20%가 모여 사는 것이지요. 인구가
많은 도시는 북적대고, 시끄럽고, 쓰레기도 많고, 도로도 꽉 막혀
있지만 그만큼 활기차고 일자리가 많고 생산성이 높습니다.

　서울처럼 주민이 1000만 명이 넘는 도시를 국제사회에서는
초거대도시, 메가시티mega city라고 부릅니다. 유엔 통계에 따르면
2018년 기준으로 세계에는 33개의 메가시티가 있습니다. 세계 최
대 메가시티로 손꼽히는 인도네시아 자카르타, 일본 도쿄, 태국
방콕, 말레이시아 쿠알라룸푸르, 베트남 호치민, 중국 베이징, 상
하이, 인도의 뭄바이와 뉴델리 등 아시아에 메가시티가 많습니
다. 아프리카에는 나이지리아의 라고스, 남미에는 브라질의 상파
울루가 있죠. 프랑스 파리, 미국 뉴욕과 로스앤젤레스도 메가시
티이고요. 메가시티에 사는 사람을 다 합치면 지구 전체 인구의
23%에 달합니다.

규모가 작은 도시들까지 합치면 세계 인구의 55%가 도시에 살고 있습니다. 사람들이 도시로 몰려드는 이유는 뭘까요? 도시에 살면 어떤 점이 좋을까요? 동어 반복 같지만, 도시는 사람들이 몰려 있기 때문에 거기에서부터 이점이 생겨납니다. 다양한 사람이 모여들다 보니 창의적인 생각이 쌓이고 효율성이 커집니다. 물론 문제점도 있습니다. 쓰레기나 대기 오염, 환경파괴, 주택난과 집값 문제, 소득의 불균형과 불평등에 따른 갈등 같은 것들이 먼저 떠오르네요.

2030년까지 세계에서 도시에 사는 인구의 비율은 60%에 이를 것이라고 해요. 도시의 장점을 살리되 더 살기 좋게 만들고자 노력하는 도시들이 많습니다. 쓰레기를 알아서 치우는 로봇, 차량공유 서비스와 인공지능 주차 안내 등 과학기술을 동원한 '스마트 시티smart city'를 꿈꾸는 곳도 있고, 재생에너지를 늘리고 탄소나 쓰레기 배출을 줄인 친환경도시를 지향하는 곳들도 있습니다. 시민들이 예산을 직접 짜는 도시, 자치를 늘린 도시들도 있고요. 여러분은 어떤 도시를 꿈꾸시나요?

🔍 #서울_인구_1000만 #초거대도시 #인구의_23% #도시의_이점과_문제점 #스마트_시티

젠트리피케이션
낡은 골목을 고치고 꾸며
살려놓았더니 이제 나가래요

사람은 태어나고 성장하고 늙어가죠. 도시와 그 안에 있는 동네도 사람과 마찬가지로 태어나고 커가고 늙어갑니다. '신도시'는 그야말로 새로 조성된 도시예요. 한 도시 안에도 구도심, 신도심처럼 예전에 번성했던 지역과 새로 뜨는 지역이 있고요.

낡고 오래된 골목이 있어요. 건물이 낡고 임대료가 다른 지역보다 저렴하니까 사람들이 모입니다. 큰돈이 없는 화가가 들어와 작업실을 차리고 젊은 바리스타가 조그만 카페를 열어요. '힙'한 것을 찾는 손님들이 조금씩 모입니다. 특색 있는 가게들이 골목골목에 있다는 것이 소문나더니 이내 사람들로 바글바글해졌네요. 어, 이때다 하고 건물 주인들이 임대료를 올립니다. 애써 골목을 살린 화가와 바리스타는 밀려나고 대형 프랜차이즈 식당과 카페가 그 자리를 채웁니다. 텅 비어가던 도시는 '재생'했지만 정작 주민들은 밀려나는 이런 상황이 바로 젠트리피케이션gentrification 입니다.

1964년 영국의 사회학자 루스 글래스Ruth Glass가 젠트리피케이션이라는 단어를 처음 썼어요. 원래 '젠트리gentry'는 영국의 중산층을 가리키던 말이래요. 처음에 젠트리피케이션은 중산층이 특정 지역으로 몰리면서 일어나는 도시의 변화를 통칭하는 말이었습니다. 지금은 되살아난 낡은 도심에서 원주민들이 대우받기는커녕 오히려 쫓겨나는 현상을 가리키게 됐죠.

낡은 건물들을 싹 밀어버리고 고층 건물을 짓는 재개발과 달리 기존의 건물이나 골목의 구조를 살리면서 고쳐 쓰고 꾸며 가치를 높이는 '도시재생'은 서울뿐 아니라 세계 주요 도시들의 트렌드가 되고 있어요. 도시재생은 정체된 지역에 활력을 불어넣지요. 하지만 임대료가 치솟으면서 결국 젠트리피케이션이 일어날 수 있어요. 이스트할렘 지역의 젠트리피케이션에 항의하는 뉴욕의 '엘바리오 정의운동Justice in El Barrio', 젠트리피케이션을 광고 문구로 쓴 한 카페에 항의하면서 일어난 콜로라도주 덴버의 '잉크 커피 시위ink! Coffee Protest' 같은 저항운동도 있었답니다. 그러니 도시재생을 적절하게 관리하고 임대료를 규제해야 하는 거죠. 외국에서는 시 정부가 도시재생 지역에서 수익사업을 한 뒤 원주민들에게 이익을 돌려주는 도시들도 생기고 있습니다.

#구도심 #신도심 #도시재생 #루스_글래스 #쫓겨나는_원래_주민들 #치솟는_임대료

지니계수

반지하와 대저택, 영화 속 양극화
세상의 불평등도 다르지 않아!

2020년 미국 아카데미 영화제에서 4관왕을 거둔 영화, 봉준호 감독의 〈기생충〉(2019)은 대조되는 두 공간을 배경으로 합니다. 비가 오면 물이 차고 행인들에게도 노출되는 반지하와 천둥번개에도 끄떡없는 담장 높은 2층짜리 대저택. 이처럼 다른 공간에 사는 두 가족의 삶 사이에는 극심한 빈부격차와 불평등이 자리하고 있습니다. 봉준호 감독도 이 영화가 '양극화'를 다룬다고 소개했죠.

경제학자 파쿤도 알바레도Facundo Alvaredo가 쓴 「세계 불평등 보고서 2018World Inequality Report 2018」에 따르면 중동 국가들에서는 상위 10%의 국민이 평균적으로 전체 부의 61%를, 인도와 브라질에서는 55%를, 미국과 캐나다에서는 47%를, 유럽에서는 37%를 차지하고 있습니다. 불평등은 어느 한 나라의 문제가 아니라 전 지구적인 현상입니다.

소득이 얼마나 불평등한지 한눈에 알 수 있도록 만든 지표가 '지니계수Gini coefficient'예요. 이탈리아 통계학자 코라도 지니가 만든 지니계수는 0과 1사이의 숫자로 표시됩니다. 0에 가까울수록 평등하고, 1에 가까울수록 불평등하다는 것을 의미하죠. 2018년 한국의 지니계수는 0.345였어요. 미국이나 영국보다는 평등한 편이고, 스웨덴이나 독일보다는 불평등한 것으로 나타났습니다.

　인류 문명의 역사가 시작된 이래 불평등은 있었다지만, 인류는 수백 년 동안 되도록이면 모두가 조금씩 더 잘살게 되고 더 평등해지는 방향으로 발전해왔습니다. 그런데 20세기 후반부터 세계에서 불평등이 더 커져가는 추세예요. 제아무리 눈부신 경제성장을 이룩한 나라라고 하더라도 빈부격차가 심해지는 것은 아주 큰 문제입니다. 약자에게는 사회적인 자원이나 투자가 덜 들어가고, 여러 혜택이 알게 모르게 돈 있는 사람들 쪽으로 쏠리고 있다는 뜻이니까요. 돈이 없어 교육을 못 받는 사람들이 늘어나면 결국 질 좋은 노동력이 줄어들듯이, 결국에는 장기적으로 경제에도 악영향을 미친다는 연구들이 많이 나와 있습니다. 그래서 격차를 줄이기 위해 소득이 많은 사람에게 더 많은 세금을 거두는 '누진제도'를 둡니다. 이렇게 마련한 재원으로 전체의 복지를 늘리고, 일해서 버는 것이 아니라 부동산이나 금융 투자로 버는 '불로소득'에 매기는 세금을 늘려야 한다는 목소리가 큽니다. 그러나 그에 대한 '부자'들의 반발도 적지 않아요.

🔍 #세계_불평등_보고서 #소득의_불평등 #빈부격차 #양극화 #세금으로_해결할_수_있을까

바젤 협약
가난한 나라로 가는 쓰레기들,
네가 만든 쓰레기는 네가 책임져야지!

컴퓨터와 스마트폰 같은 전자기기들도 여느 물건들처럼 낡으면 버려지지요. 해마다 세계에서 이런 전자쓰레기e-waste 5000만 톤이 버려집니다. 반도체와 모니터, 전력조절장치 등에 들어 있는 납과 카드뮴, 비소, 수은은 사람에게 자칫 치명적인 중독증을 일으킬 수 있어요. 쇠의 부식을 막는 데 쓰이는 크롬도 화합물이 되면 호흡기 손상을 일으킵니다. 이런 쓰레기들을 처리하려면 안전 기준을 지켜야 하고, 그러려면 처리 비용이 높아집니다.

전자쓰레기를 처리하는 돈을 아끼려고 부자 나라 기업들은 이 쓰레기를 모아 빈국으로 보냅니다. 2006년 아프리카 서부 코트디부아르에서는 쓰레기 소각장 주변에 사는 주민들 10명이 유독가스로 숨지고 7만 명이 치료를 받는 사건이 일어났어요. 부자나라에서 들어온 유해한 쓰레기들이 타면서 유독가스가 뿜어져 나왔기 때문이에요.

병원에서 쓰고 버린 의료용품, 실험실에서 나온 유독성 쓰레기…… 전자쓰레기뿐 아니라 인체에 해로운 성분이 포함된 쓰레기가 무수합니다. 이런 것을 불법적으로 가난한 나라에 떠넘기는 것은 당연히 나쁜 짓이죠. 국가 간 '쓰레기 떠넘기기'를 막기 위한 협약이 바로 1987년 만들어진 바젤 협약Basel Convention 입니다. 유해한 폐기물이 국경을 넘어 이 나라 저 나라로 옮겨다니지 못하게 막는 약속이에요. 한국은 1994년에 바젤 협약에 가입했어요. 가입국들은 유해폐기물을 다른 나라에 몰래 버려서는 안 되고, 합의하에 거래하는 것만 가능합니다. 만에 하나 불법 거래가 적발되면 쓰레기를 되가져가야 해요. 폭발하기 쉬운 인화성 물질, 폐플라스틱도 바젤 협약의 적용 대상입니다. 하지만 한계는 있어요. 허가만 있다면 얼마든지 가난한 나라로 쓰레기를 보낼 수 있으니 돈 주고 오염을 떠넘기는 일이 계속될 수 있잖아요. 게다가 미국은 바젤 협약에 가입하지도 않았고요.

전자쓰레기, 유해한 쓰레기가 아니더라도 이미 쓰레기는 국경을 넘나드는 또 하나의 골칫거리가 되고 있습니다. 몇 해 전 필리핀에서 한국 기업이 몰래 떠넘긴 쓰레기 5000톤이 적발돼 한국 대사관 앞에서 항의시위가 벌어지고 외교문제로까지 이어진 적이 있었어요. 쓰레기의 양 자체를 줄이고, 재활용을 늘리고, 처리 절차를 지키는 국가적인 노력도 필요하겠어요.

Q   #전자쓰레기 #부국에서_빈국으로_가는_쓰레기 #국경을_넘나드는_쓰레기_떠넘기기 #바젤_협약

아동노동
뛰어놀고 싶고 학교에 가고 싶어도
어쩔 수 없이 일해야 하는 아이들

유년기와 청소년기는 교육받고 다양한 경험을 하면서 미래를 준비하는 시기입니다. 하지만 아이들이 어쩔 수 없이 일을 해야 한다면 어떨까요? 아이들은 어른들이 심한 노동을 시키고 임금을 떼어먹어도 저항하기 쉽지 않습니다. 과도한 노동으로 키가 덜 자랄 수도, 열악한 노동 환경에 노출되어 질병에 걸릴 수도 있고요. 그래서 아이들을 노동으로 내미는 것을 국제사회는 강하게 규제하고 있습니다.

전통사회에서 농촌 아이들은 어른들의 일손을 거들고, 유목민 아이들은 가축을 몰았죠. 어찌 보면 아이들이 어른의 일을 돕는 것은 당연한 일 같기도 해요. 그런데도 아동노동child labor을 규제하는 것은, 아이들이 일을 할 때에 정당한 권리를 침해당할 수 있기 때문입니다. 1989년 유엔은 아동권리협약Convention on the Rights

Q #유엔아동권리협약 #잘_배우고_잘_놀_권리 #스웻샵 #코로나19로_악화된_아동노동_환경

of the Child을 통해 모든 아이들에게 잘 먹고, 잘 배우고, 잘 놀 권리가 있다고 선언했어요. 어른들이 이 권리를 지켜줘야 한다는 거죠.

모든 아동노동이 나쁜 것은 아닙니다. 신체적인 발달이나 교육에 지장을 받지 않는다면 집안일을 도울 수 있고 '아르바이트'

로 파트타임 근무를 할 수도 있어요. 하지만 학교에도 가지 못하게 하면서 일을 시키거나 신체적·정신적 건강에 악영향을 미치는 일을 시켜서는 안 됩니다. 국제노동기구ILO는 특히 전쟁과 같은 싸움에 아이들을 동원하거나, 음란물 또는 불법 약물을 만들려고 아동의 노동을 착취하는 것을 가장 나쁜 형태의 아동노동으로 꼽습니다.

아동노동에 사람들이 주목하기 시작한 것은 산업혁명 이후입니다. 가난한 집 아이들은 어른이 들어갈 수 없는 비좁은 갱도에서 무거운 광석을 나르거나 공장에서 장시간 일해야 했어요. 지금도 여전히 어떤 아이들은 목화농장에서 목화를 수확하고, 자기는 마음껏 먹어보지도 못하는 초콜릿의 원료가 될 카카오를 따지요. 인도와 파키스탄 등 아시아의 열악한 소규모 공장들을 '스웻샵sweat shop'이라 불러요. 이러한 환경에서 착취당하며 밤낮으로 축구공과 운동화를 꿰매는 아이들 문제가 불거진 적도 있습니다. 2021년 통계를 보면 5~17세 아동 약 1억6000만 명이 노동을 하고 있대요. 코로나19로 부모의 돈벌이가 줄어 일을 해야만 하는 아이들이 늘어난 것도 세계적인 걱정거리랍니다.

2021년 국제아동보호단체 세이브더칠드런과 서울대 사회복지연구소가 35개 나라 아동들의 삶의 질에 대해 조사했습니다. 그 결과를 보면 한국 아이들의 행복도는 35개 국가 중 31위로 하위권으로 나타났어요. 경쟁적인 교육 제도와 시간을 주도적으로 쓰지 못하는 상황 등이 그 이유로 꼽혔습니다. 유엔 아동권리협약에 담긴 어린이가 마땅히 누려야할 권리 가운데는 '놀이에 대한 권리'도 담겨 있다고 해요. 건강하고 즐겁게 놀 수 있는 권리도 잘 지켜졌으면 좋겠습니다.

099

군축

무기 대신 복지를,
더 평화로운 세계로 가요

리틀보이Little Boy와 팻맨Fat Man. 귀여운 애칭이 아니라 2차 대전 때 일본 히로시마와 나가사키에 떨어진 핵폭탄들의 이름입니다.

냉전시대 미국과 소련은 핵무기를 비롯한 첨단무기들을 누가누가 더 많이 비축하는지 경쟁하는 '군비 경쟁'을 벌였어요. 핵무기를 가져야 할 이유를 설명하면서 '핵 억지력'이라는 말로 포장하기도 했죠. 적국으로부터 핵무기 공격을 받지 않으려면, 우리도 '핵무장'을 해야 한다는 거였어요.

현실은 반대였습니다. 서로 무기경쟁을 하다가 급기야는 1962년에 쿠바에서 미국과 소련이 서로 미사일을 발사하기 일보 직전까지 가게 되죠. 이러다간 핵무기 때문에 인류가 멸망할지도 모른다는 위기감이 커졌어요. 그래서 1968년 여러 나라들이 모여 핵확산방지조약Non-Proliferation Treaty, NPT을 만들었습니다. 이후 미국과 소련 사이에는 전략무기감축협상Strategic Arms Limitation Talks, SALT을 비롯한 여러 군비축소disarmament, 즉 군축 조약이 체결됐어요.

소련의 뒤를 이은 러시아와 미국은 냉전이 끝난 뒤로도 군축 협상들을 계속하고 있고요.

하지만 아무래도 군축 협상의 핵심은 핵협상이고 'NPT 체제'가 그 중심에 있습니다. 이 조약은 무기한 연장되고 있지요. 몇 가지 논란도 있습니다. 이미 핵을 보유하고 있는 나라들은 계속 가지고 있을 수 있도록 했기 때문에 애당초 불평등한 조약이라는 지적이 나와요.

미국과학자연합Federation Of American Scientists은 2021년 현재 러시아에 약 6300개, 미국에 5600개, 중국에 350개, 프랑스에 290개, 영국에 225개의 핵탄두가 있는 것으로 추정해요. 인도와 파키스탄, 이스라엘도 핵무기를 가지고 있지만 이들은 NPT에 가입하지도 않았어요. 북한은 2003년 NPT에서 탈퇴했는데 이미 핵탄두들을 만들어놓은 것으로 추정됩니다. 이란도 핵무기에 눈독을 들이는 것으로 의심받아요. 하지만 미국은 북한이나 이란처럼 자신들에 적대적인 나라들만 압박하고 있지요. 가입했던 나라가 탈퇴해도, 혹은 어떤 나라가 가입하지 않아도 손을 쓸 도리가 없다는 것 역시 NPT의 한계로 꼽힙니다.

#리틀보이 #팻맨 #핵무장 #핵확산방지조약_NPT #군비축소_군축 #NPT의_한계 #핵무기_보유

지속가능발전목표
미래를 위해 세계가 함께 정한 목표, 우리 같이 달성해봐요!

"지속가능발전목표는 현재 세대와 미래 세대의 균형을 맞추기 위한, 모두가 공평한 혜택을 누리기 위해 설정된 공동의 목표입니다."

방탄소년단 리더 RM이 유엔총회 연설 뒤에 한 말입니다.

'지속가능한 발전'이란 현재 세대가 지금의 필요를 충족시키면서도, 미래 세대를 위한 자원을 남겨두며 발전하는 것을 말합니다. 새로운 밀레니엄millenium 즉 '천 년'을 앞두고 유엔은 세계의 고른 발전과 인권, 평화, 복지를 위해 2000년부터 2015년까지 추진할 '밀레니엄개발목표Millennium Development Goals, MDGs'를 만들었어요. 최빈국에서 초등교육을 받는 아이들이 늘어나고 5세 이하 아이들 사망률을 낮추는 등의 성과를 거뒀지요.

2015년, 기한이 끝나고 2016년부터 2030년까지 달성해야 할 목표로 잡은 것이 지속가능발전목표Sustainable Development Goals, SDGs 입니다. '단 한 사람도 소외되지 않는 것'이라는 슬로건 아래에 인간, 지구, 번영, 평화, 파트너십이라는 5개 영역에서 17개 목표와 169개 세부 목표를 정했죠.

17개 목표는 모든 곳에서 모든 형태의 빈곤을 끝내는 것, 지속가능한 농업으로 영양결핍을 없애는 것, 건강한 삶을 보장하고 복지를 늘리는 것, 질 좋은 교육을 보장하는 것, 성평등, 깨끗한 물과 위생, 적정한 가격의 깨끗한 에너지, 양질의 일자리와 경제성장, 불평등 줄이기, 안전한 도시와 주거지, 기후변화 대응, 해양자원 보호 등이에요.

세계가 이런 목표를 함께 정한 것은 의미가 큽니다. 이런 문제들은 함께하지 않으면 해결하기 힘들잖아요. 목표를 달성하려면 에너지와 교통 등 산업 인프라에서 전체적으로 탄소배출을 줄이고, 앞으로의 기후변화에 대응하기 위한 '녹색 혁신'과 지속적인 투자가 필요합니다. 친환경 경제에서 일할 수 있도록 사람들을 훈련해야 하고요. 유엔이 '지속가능'을 강조한 것은, 기후변화에 대응하는 것이 개발의 핵심에 놓여야 한다고 생각했기 때문이겠지요.

🔍 #밀레니엄개발목표_MDGs #단_한_사람도_소외되지_않는_것 #지속가능한_것이_무엇일까

4차 산업혁명

AI와 디지털로 만들어 갈
인류의 미래는?

인공지능Artificial intelligence, AI, 빅데이터, 로보틱스, 사물인터넷 Internet of Things, IoT, 가상현실virtual reality, VR······. 하루가 다르게 발전하는 디지털 기술들이죠. 이런 기술들로 인해 연결을 넘어 '초超연결'이 이뤄지면서 나타나는 광범위한 산업 발전을 '4차 산업혁명'이라고 합니다.

1차 산업혁명은 18세기에 석탄을 이용한 증기기관 등 새로운 기술이 등장하면서 기계화 시대로 돌입한 것을 가리켜요. 20세기 초의 2차 산업혁명은 석탄이 아닌 석유에 기반한 에너지 혁명을 말해요. 전기가 널리 쓰이고 자동차가 보급된 것도 2차 산업혁명의 특징입니다. 3차 산업혁명은 20세기 후반 컴퓨터와 인터넷이 폭발적으로 발전하면서 이뤄진 정보화, 지식화 혁명을 일컫습니다. 4차 산업혁명 시대에는 디지털 기술을 바탕으로 한 융합과 초연결이 대세가 될 것이라고들 해요. 스마트워치, 스마트밴드처럼 몸에 장착할 수 있는 '웨어러블wearable' 기기들이 늘어나면 인간의 신체와 전자기기가 사실상 하나가 되겠죠. 가상 공간에서 타인과 소통하는 것은 이미 그리 낯설지 않은 일이 됐고요.

매년 초, 스위스의 다보스Davos라는 휴양지에 세계 주요 기업인들과 정부 관리들이 모이는 세계경제포럼World Economic Forum이라는 행사가 열려요. '다보스 포럼'이라고도 불리는 이 행사를 만든 사람은 독일의 공학자인 클라우스 슈바프Klaus Schwab입니다. 그는 '4차 산업혁명'이라는 말을 처음 쓴 것으로 알려져 있어요.

4차 산업혁명이 인류에게 어떤 미래를 가져다줄지 정확히 예측할 수는 없습니다. 어떤 직업이 생겨나고 사라질지, 인간과 기계의 관계는 어떻게 될지 아직은 모르는 거죠. 정확히 말하면 '모른다'기보다는 정부와 시민, 기업들이 어떤 선택을 하느냐에 따라서 앞으로의 경로가 바뀔 거라고 보는 편이 맞을 거예요.

걱정도 따릅니다. 누가 내 정보를 들여다보지는 않을까? 해킹을 당하면? 스마트폰이나 컴퓨터가 없는 사람은 어떡해? 이런 질문에 올바른 답을 준비하는 것은 우리, 그리고 미래 세대의 몫입니다.

🔍 #초연결 #메타버스 #웨어러블_기기 #가상_공간에서의_소통 #비대면_언택트 #대면_컨텍트

101
세계